Wild Places

FRANKREICH

Wild Places
FRANKREICH

Die schönsten Naturerlebnisse fernab des Trubels

Hilke Maunder · Klaus Simon

BRUCKMANN

INHALT

↓ Von links nach rechts: Sonnenaufgang über dem Hafen von Perros-Guirec; die Burg von Les Baux-de-Provence in den Alpilles; Veules-les-Roses – der vielleicht schönste Ort an der Alabasterküste; ein Reh im Parc national de forêts; der Templerort La Couvertoirade

↑ An der nordfranzösischen Opalküste

↑ Didi Hallervorden heißt der Herr auf diesem Felseiland, der Île Costaérès an der bretonischen Côte de Granit Rose.

↓ Von links nach rechts: Felshänge der Jonte-Schlucht; der Lac d'en Haut ist vulkanischen Ursprungs; die Sandfelder des Cul du Chien im Wald von Fontainebleau; die Grotte Chauvet 2, ein originalgetreuer Nachbau der Grotte Chauvet; Climber in den Gorges du Verdon

Beeindruckende Weite: das Massiv von Sancy in der Bergkette der Monts Dore

NIEDER-LANDE
DEUTSCH-LAND
GROSS-BRITANNIEN
BELGIEN
LUXEM-BOURG
SCHWEIZ
ITALIEN
SPANIEN
ANDORRA
MITTELMEER
Golf von Biscaya
Ärmelkanal
Swansea
Newport
Cardiff
LONDON
Margate
Rotterdam
Southampton
Brighton
Calais
Brugge
Antwerpen
Gent
Maastricht
Köln
Duisburg
Bonn
Exeter
Poole
Portsmouth
Torquay
Plymouth
Isle of Wight
Cap Gris-Nez/ Blanc-Nez 1
Lille
Bruxelles/ Brussel
Liège
Koblenz
Loos-en-Gohelle/ Terrils jumeaux 3
Arras
Baie de Somme 2
Saint-Valery-sur-Somme
Abbeville
Cambrai
Somme
Cap de la Hague 8
Barfleur
Grand Site Côte d'Albâtre 5
Dieppe
Amiens
St-Quentin
16 Monthermé
Charleville-Mézières
Luxem-bourg
Fécamp
Baie de la Seine
Les Pieux
Valognes
Le Havre
Laon
Channel Islands (U.K.)
Archipel des Sept Îles 11
Bayeux
4 Marais Vernier
Rouen
Compiègne
Reims
Verdun
Metz
Îles Chausey 7
Caen
Senlis
Seine
Roscoff
12 Côte de Granit Rose
Golfe de St-Malo
6 Suisse Normande
Evreux
Épernay
Châlons-en-Ch.
Vire
PARIS
Morlaix
St-Malo
Argentan
Dreux
Sézanne
Meuse
Toul
Strasbourg
Brest
St-Brieuc
Dinan
Domfront
Forêt de Fontainebleau 24
St-Dizier
Menez Hom, Monts d'Arrée und Montagnes Noires 9
Fougères
Alençon
Chartres
Grand Ried 15
Mayenne
Nemours
Troyes
Chaumont
Épinal
10
Quimper
Loudéac
Rennes
Pointe du Raz/ Cap Sizun
Laval
Châteaudun
Colmar
Rhein
Orléans
Châtillon-s.-Seine
Mulhouse
Lorient
Vannes
Le Mans
19 Parc national des forêts
Île de Groix
Vilaine
Sarthe
Vendôme
Gien
Auxerre
Belfort
Quiberon
Châteaubriant
Loir
Blois
Semur-en-Auxois
Grande Brière
Loire
Avallon
Saône
Belle-Île
13
Angers
Tours
Besançon
Nantes
St-Nazaire
Amboise
Romorantin-L.
Dijon
Saumur
Saulieu
Noirmoutier-en-l'Île
Cholet
Cher
20 Morvan
Beaune
18 Saut und Gorges du Doubs
Challans
Thouars
Bourges
Nevers
Pontarlier
Bern
Île d'Yeu
14 Corniche Vendéenne
Châtellerault
Châteauroux
Autun
17 Cirques und reculées des Jura
Parthenay
Chalon-sur-Saône
Sables-d'Olonne
Poitiers
La Châtre
Moulins
Digoin
Baume-les-Messieurs
Lausanne
Marais Poitevin
Creuse
Niort 32
Île de Ré
Montluçon
Mâcon
Ain
Brionnais 21
Bourg-en-Bresse
La Rochelle
Vienne
Le Dorat
Guéret
M. Rosa 4634
Île d'Oléron
Rochefort-s.-M.
Confolens
Clermont-Ferrand
Dombes 22
Lac du Bourget
Mt. Blanc 4807
Limoges
Aubusson
Lyon
Rhône
Royan
Angoulême
30
PNR Livradois-Forez
25 Les Déserts auvergnat
Chambéry
Soulac-s.-M.
Gironde
Ussel
St-Étienne
Lesparre-Médoc
23 Chartreuse
Périgueux
Vézère
Tulle
TURIN
Grenoble
Isère
Lacanau-Océan
Langeac
Puy-en-Velay
Libourne
Aurillac
Valence
Briançon
Bordeaux
28 Monts d'Ardèche
Dune de Pilat 33
Arcachon
Garonne
Bergerac
Dordogne
Lozère/ Gévaudan 27
Gap
Biscarrosse
Marmande
Cahors
Mende
Montélimar
Lot
Rodez
29 Gorges de l'Ardèche
Durance
Mimizan-Plage
Parc national du Mercantour 50
Mont-de-Marsan
Agen
Millau
Orange
Digne-les-Bains
31 Gorges de l'Aveyron
Baïse
Tarn
Alès
Courant d'Huchet 34
Castets
Adour
Montauban
Avignon
Gorges du Verdon 45
Santander
Albi
Nîmes
Nice
Dax
Larzac/ Couvertoirade 26
Alpilles 49
Aix-en-Provence
Grasse
Cannes
Barakaldo/ Baracaldo
Corniche Basque 35
Auch
Toulouse
Montpellier
Crau 48
Îles de Lérins
St-Jean-de-Luz
Pau
Béziers
Sète
46 Provence Verte
Brignoles
Marseille
St-Tropez
Pic d'Orhy 2017
Col du Soulor
Limoux
Calanques 47
Toulon
Pamplona/ Iruñea
38
Lourdes
Pamiers
Sals
Fontaine salée
Îles d'Hyères
Gasteiz/ Vitoria
Parc national des Pyrénées 37
36 Cirque de Gavarnie
M. Perdu/ M. Perdido 3355
St-Girons
Pech de Bugarach 41
42
40 Lagunenseen des Languedoc
Vielha
Perpignan
Burgos
Donezan 39
Logroño
P. de Aneto 3404
44 Canigou
43 Côte Vermeille
San Millán 2131
R. Aragón
Figueres/Figueras
Arandade Duero
Berga
Girona/Gerona
R. Ebro
N
0 50 km

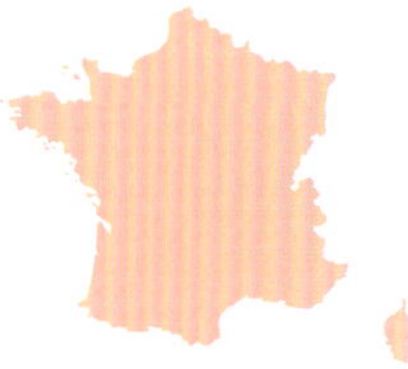

VORWORT

LA GRANDE NATURE

Frankreich ist der mit Abstand größte Flächenstaat der Europäischen Union und nach Dänemark (einschließlich Grönlands) und dem europäischen Teil Russlands auch der größte Flächenstaat ganz Europas. Entsprechend viel freier Raum bleibt unberührte Natur. In einigen Landesteilen ist die Bevölkerungsdichte so dünn wie anderswo nur in Wüstengebieten. Mehr monumentale Weite bietet sich selten auf dem alten Kontinent.

Frankreich zählt elf Nationalparks, die mit fünf Millionen Hektar acht Prozent der Landesfläche bedecken … Fortsetzung folgt. Der letzte, der Parc national de forêts, wurde erst im Jahr 2020 eröffnet. Es ist Frankreichs erster dem Wald gewidmeter Nationalpark und darf in diesem Buch nicht fehlen, *naturellement*. Hinzukommen 58 regionale Naturparks, von den Alpilles im Süden bis zu den Vosges du Nord im Nordosten. Ganz zu schweigen von den 358 *Réserves Naturelles*: Kein Franzose lebt weiter als 70 Kilometer von einem dieser Naturschutzgebiete entfernt. Blieben noch die 16 von der UNESCO zertifizierten Biosphärenreservate des Landes, die den Reichtum unseres westlichen Nachbarlands an intakter Umwelt bezeugen.

Es ist ein Reichtum, der uns vor die Qual der Wahl bei den in diesem Buch vorgestellten Wild Places stellte. Beim Auflisten prasselten die Vorschläge wie ein satter Sommerregen nieder. Beim Zusammenstreichen dann kam eine Wehmut auf. Es fühlte sich fast so schmerzlich an wie der Kahlschlag, mit dem der Herbst die Laubwälder entblättert. Doch Gärtner wissen: Stutzen und Zurückschneiden lässt die Pflanze umso kraftvoller wieder ausschlagen. Was auch für unser Buch gilt, das eine Top 50 der Orte ist, an denen Frankreich so unberührt scheint wie vor dem Eingriff des Menschen.

← Türkisgrün leuchtet der unterirdische Fluss im Gouffre de Pardirac, einem Tageslichtschacht, der zum Höhlensystem der Causse de Gramat gehört.
↑ Wild und weit: die Crau-Steppe
↗ Seglertraum: das Chausey-Archipel

Zurück zur Natur!

Wohlgemerkt »scheint«. Oft verdankt sich die intakte Wildnis dem Einschreiten des Menschen gegen Sünden, die Generationen zuvor begangen worden sind oder die noch in der Planung verhindert werden konnten. Für ein *Retour à la nature*, mit dem der Philosoph Jean-Jacques Rousseau sich im 18. Jahrhundert als Vorreiter einer Rückbesinnung auf die Natur positioniert hat, steht die Baie de Somme am Ärmelkanal. Noch vor einem Vierteljahrhundert war die Bucht ein ökologisches Notstandsgebiet. Heute beheimatet sie Europas größte Kegelrobbenkolonie. An der bretonischen Pointe du Raz verhinderten die Bürgerrechtsbewegungen der Siebzigerjahre den Bau eines Atomkraftwerks. Auf dem okzitanischen Larzac protestierten zeitgleich die Massen so lange, bis die geplante Militärbasis vom Tisch war.

Wildnis mit Unterstützung des Menschen

Andere Orte lassen sich vom Menschen ohnehin nicht zähmen. Die Düne von Pilat an der Atlantikküste formt ihr Saharagebirge scheinbar nach Laune, in Wirklichkeit nach Wind und Gezeiten immer wieder neu. Auch die späte Entdeckung hat manchen wilden Plätzen das Überdauern gesichert. Der von urwaldartigen Wäldern gesäumte Wasserlauf des Courant d'Huchet an der Küste des Landes wurde erst kurz nach 1900 entdeckt. Noch etwas später wanderten Forscher erstmals durch Europas spektakulärsten Canyon, die Gorges du Verdon.

Apropos Wandern. Die ersten Wanderwege Frankreichs wurden vor fast 200 Jahren im zentralfranzösischen Forêt de Fontainebleau angelegt. Was beweist, dass in Frankreich die wilde Natur schon immer auch als Einladung zu einer nachhaltigen Erkundung verstanden wurde.

Mit der Calanque de Port Pin endet die Calanques-Wanderung von Marseille nach Cassis. Die Nähe zum Hafenstädtchen verpflichtet: Jachten nutzen die Calanque als sicheren Ankerplatz.

WILLKOMMEN IM WILDEN FRANKREICH

ERSTAUNLICHE EINBLICKE

Das wilde Frankreich überrascht – und vereint fast alle Landschaften der Kontinente aus seinem Territorium. *Voilà:* Faszinierendes, Eindrucksvolles und Einzigartiges vom größten Flächenstaat der EU.

FRANKREICH QUERBEET

Kontinentalfrankreich ist gut **543.000 Quadratkilometer** groß und damit das größte Flächenland der Europäischen Union. Von West nach Ost misst das Hexagon 1100, von Nord nach Süd 1000 Kilometer. Am **45. Breitengrad**, der auf der Höhe Lyon–Bordeaux verläuft, beginnt der Midi, der mediterrane Süden. Zu Frankreich gehören noch zahlreiche **Überseegebiete**, darunter die Inseln Guadeloupe, Saint-Martin, Saint-Barth und Martinique in der Karibik, Französisch-Guyana in Südamerika, die Inseln Réunion und Mayotte in Afrika, Neukaledonien und Französisch-Polynesien in Ozeanien sowie einige Gebiete in der Antarktis.

4,7 KG AOP-KÄSE ...

... futtert im Durchschnitt jeder Franzose pro Jahr. Das renommierte regionale Gütesiegel für handwerklich produzierte Milchspezialitäten voller ursprünglichem Genuss tragen 46 Käsesorten, drei Butter- und zwei Sahneprodukte.

EUROPAS HÖCHSTER GRENZÜBERGANG

Am 8. August 1786 gelang den Franzosen Jacques Balmat und Michel-Gabriel Paccard die Erstbesteigung. Heute schwebt eine Seilbahn von der Aiguille du Midi (3842 Meter) in Frankreich zur Punta Helbronner (3462 Meter) in Italien.

35 QUADRATKILOMETER

Das ist die Fläche von Frankreichs größtem Gletscher, dem hier und da mehr als 200 Meter dicken Mer de Glace bei Chamonix. Es entstand während der letzten Eiszeit, als sich über Jahrtausende Schnee und Eis ansammelten und langsam zu einem massiven Gletscher verdichteten. Wie viele Gletscher auf der ganzen Welt hat sich aber auch das Mer de Glace aufgrund des Klimawandels zurückgezogen und schrumpft jedes Jahr in beträchtlichem Umfang.

NUR 1194 METER …

… misst die Veules von ihrer Quelle bis zu ihrer Mündung: Das ist Landesrekord! Trotz ihrer »Kürze« erlebt der charmante Wasserlauf eine Menge. Er bewässert eine Kresseplantage, treibt Mühlräder an, fließt sanft an altem Fachwerk vorbei und ergießt sich beim Dorf Veules-les-Roses an der normannischen Alabasterküste in den Ärmelkanal.

700

METER TIEF …

… ist stellenweise die Verdon-Schlucht, die sich auf rund 50 Kilometer Länge zwischen Castellane und dem Stausee Lac de Sainte-Croix erstreckt. Wegen ihrer beeindruckenden Größe und Schönheit wird sie gerne als »Grand Canyon Europas« bezeichnet – das US-Vorbild ist jedoch mehr als doppelt so tief.

901 WÖLFE

Die Zahl der Wölfe, die 2023 für Frankreich angegeben wird, ist gegenüber dem Vorjahr um 22 zurückgegangen. Deshalb fordern NGOs, weniger Abschüsse zu genehmigen. Der Grauwolf ist in der Europäischen Union geschützt. Zum Schutz der Herden sind jedoch Abschüsse als letztes Mittel erlaubt.

GRÖSSTER FELSKESSEL FRANKREICHS

1500 Meter hohe Wände In einem Halbkreis von 800 Meter Durchmesser: Diese beeindruckenden Maße machen den Cirque de Gavarnie in den Hochpyrenäen zum größten Felskessel Frankreichs. In diesem atemberaubenden Amphitheater der Natur stürzt die Grande Cascade de Gavarnie tosend in die Tiefe. Mit rund 422 Metern gehört sie zu den höchsten Wasserfällen Europas.

800

BIS 1200 JAHRE

So alt ist die Chêne Chapelle im normannischen Dorf Allouville-Bellefosse. Damit gehört die Kapelleneiche zu den ältesten und bedeutendsten Bäumen Frankreichs. Der Legende nach wurde sie anlässlich der Gründung der Normandie im Jahr 911 gepflanzt. Ihre beiden Stämme sind innen hohl und beherbergen seit dem 16. Jahrhundert eine kleine Kapelle. Um den Baum herum führt eine Holztreppe.

Die Passerelle de L'Estellier erlaubt es Wanderern, die Schlucht des Verdon in schwindelerregender Höhe zu überqueren.

BU
BU
BU

UNSER NACHHALTIGKEITSKODEX

Die Welt birgt viele Wunder, Abenteuer und spektakuläre Aussichten, die wir gerne erkunden möchten. Doch sie ist auch leicht aus dem Gleichgewicht zu bringen. Hier ein paar Tipps, wie wir unsere Welt nachhaltig entdecken können:

- **Die Hauptsaison meiden:** Wenn wir nicht gerade auf die Ferienzeiten angewiesen sind, können wir der Umwelt einen großen Gefallen tun, indem wir in der Nebensaison verreisen. Damit tragen wir zu einer gleichmäßigeren Auslastung der Umwelt und der Infrastruktur bei und der Urlaub wird dazu auch noch wesentlich entspannter.

- **Die Aufenthaltsdauer dem Reiseziel anpassen:** Je weiter entfernt das Reiseziel ist, desto länger sollte der Aufenthalt sein. Dadurch lernen wir die Region nicht nur intensiver kennen, sondern stärken sie ganz nebenbei noch durch unsere Ausgaben vor Ort. Anfahrtsintensive Tagesausflüge sollten besser vermieden werden, das bedeutet nur Stress, sowohl für die Umwelt als auch für uns selbst.

- **Auf umweltschonende Verkehrsmittel setzen:** Wo es möglich ist, reisen wir mit öffentlichen Verkehrsmitteln an. Das reduziert nicht nur die Luftverschmutzung, sondern schont auch unsere Nerven. Falls das nicht geht, helfen verschiedenste Plattformen dabei, den CO_2-Austoß auszugleichen, vor allem, wenn das gewünschte Reiseziel nur mit dem Flugzeug zu erreichen ist.

- **Nur dort parken und campen, wo es erlaubt ist:** Selbst, wenn wir uns noch so vorbildlich verhalten und unseren Aufenthaltsort so hinterlassen, wie wir ihn vorgefunden haben, stören wir den Lebensraum von Wildtieren und hinterlassen Spuren und Gerüche. Auch Lagerfeuer entzünden wir ausschließlich an den dafür vorgesehenen Stellen und achten dabei auf Waldbrandstufen und Naturschutzgebiete.

- **Ressourcen gewissenhaft nutzen:** Manche Umweltressourcen sind bereits knapp, endlich sind auf jeden Fall alle. Um sie zu schonen, sollten wir sparsam mit ihnen umgehen, gerade in Gegenden, in denen zum Beispiel Wasser oder Strom nicht im Überfluss vorhanden sind.

- **Ein guter Gast sein:** Nachhaltig unsere Umgebung zu erkunden bedeutet auch, der hiesigen Flora und Fauna mit Respekt zu begegnen. Pflanzen sollten auf keinen Fall gepflückt werden, aber sie stehen uns bestimmt gerne Modell für das eine oder andere Foto. Das Gleiche gilt für wilde Tiere: wir füttern sie nicht, halten Abstand und beobachten sie aus der Ferne.

- **Auf den Wegen bleiben:** Wer die vorgegebenen Wege verlässt, dringt nicht nur in die Rückzugsräume heimischer Arten ein, sondern trägt auch dazu bei, dass sich neue Wege bilden, was zur Erosion des Bodens führt.

- **Abfall wieder mitnehmen:** Plastikverpackungen jeglicher Art, Dosen, Flaschen und Papiertaschentücher (es dauert Jahre, bis sich ein einzelnes Taschentuch vollständig abgebaut hat!) gehören nicht in die Natur, sondern artgerecht entsorgt. Am besten gleich eine wiederverwendbare Brotdose oder Trinkflasche mitnehmen. Dazu zählen natürlich auch Toilettenpapier und der Inhalt von (Chemie-)Toiletten. Entsprechende Entsorgungsstationen finden sich überall.

- **Lokal kaufen:** Dadurch lernen wir Land und Leute besser kennen und unterstützen die regionale Wirtschaft, außerdem sind regionale Produkte meist auch preisgünstiger und qualitativ hochwertiger.

So wie wir die Umwelt respektieren, wollen wir auch unseren Mitmenschen und deren Kultur Respekt entgegenbringen, gerade im Hinblick auf deren Traditionen, Religion oder typische Gebräuche. So können ein Lächeln oder ein paar Worte in der Landessprache Berge versetzen!

Weltberühmt:
die Bucht von Étretat

DER NORDEN & NORDWESTEN

Schroff und zugleich fragil
sind die Küsten der Picardie,
der Normandie und der Bretagne.
Das Grün reicht bis an die Klippen.

1

CAP BLANC-NEZ UND GRIS-NEZ

DIE SCHWESTERN DER CÔTE D'OPALE

Wie stolze Wächter des Ärmelkanals ragen die Küstenkaps Blanc-Nez und Gris-Nez in den Himmel und verbinden grandiose Natur mit atemberaubenden Aussichten über die Opalküste bis hin zum nur 30 Kilometer entfernten Britannien. Seit 2011 gehören sie zu den »Grands Sites de France«, den 51 größten Sehenswürdigkeiten Frankreichs.

Was für ein Puzzle faszinierender Landschaften und Lebensräume birgt der »Grand Site des Deux-Caps«! Seine acht Küstendörfer sind – trotz der rund eine Million Besucher pro Jahr – ehrlich und authentisch geblieben, und auch an den Stränden und Kaps ist außer in den Sommerferien kaum etwas los. Wie ein zeitloses Gemälde ragen die Klippen unter dem hohen Himmel auf. Blanc-Nez, was so viel wie »Weiße Nase« bedeutet, ist das höhere und markantere der beiden Felskaps. Auf seinem Gipfel erinnert ein grauer Obelisk an die »Dover Patrol«, die Zusammenarbeit der alliierten Seestreitkräfte während des Ersten Weltkriegs. Blanc-Nez besteht gar aus Kreide, die Rillen aus Feuerstein durchziehen. Das 134 Meter hohe Kliff ist gerademal 80 Millionen Jahre alt und Teil einer größeren Kreideformation, die als Champagne-Kreide sich über den Ärmelkanal hinaus erstreckt und in England die berühmten White Cliffs von Dover bildet.

Zwei unterschiedliche Biotope

Das Gris-Nez besteht aus Lehm und Sandstein und krümmt sich unter dem Gewicht seiner 160 Millionen Jahre. Auf seiner grünen Kuppe stand bereits 1837 ein Leuchtturm. Der heutige Leuchtturm wirft seit 1957 sein Licht auf die viel befahrene Schifffahrtsroute, die zugleich Außengrenze der EU ist.

Die Kaps haben mit ihrer unterschiedlichen Geologie auch die Architektur geprägt: Während im Calaisis nordöstlich des Blanc-Nez die Häuser aus Feuerstein gebaut werden, schmücken sie sich im Boulonnais südwestlich der Kaps mit den Steinfarben aus Baincthun, grau, golden oder weiß.

Die Geologie beschert den ungleichen Schwestern auch ganz unterschiedliche Biotope. Auf den Sandsteinböden der Jurazeit des Gris-Nez können alle Arten von Pflanzen wachsen. Die Blüten des gelben Ginsters sind für die Schafe, die dort weiden, eine Leibspeise. Auf den Böden des Blanc-Nez aus der jüngeren Kreidezeit gedeihen nur kalkliebende Pflanzen wie der Wacholder, der einzige Strauch des Blanc-Nez. Seetaucher, Lappentaucher, Alken und Ringelgänse rasten an den beiden Kaps. Eissturmvögel und Wanderfalken brüten hier. Und unzählige Möwen und Möwenartige. Ihr Gellen übertönt die Brandung. Unablässig nagt es an den Klippen. Wer auf dem »Sentier Littoral« unterwegs ist, dem Wanderweg der Küste, sieht die Folgen direkt vor seinen Füßen. Immer wieder sind hier und da Teile der Kaps ins Meer gestürzt, zerstört von Wind und Wasser.

INFO

VOLLES PROGRAMM FÜR FOTOFREUNDE

Vom Fort von Ambleteuse bis zum Kap Blanc-Nez: Entlang der Wanderwege und an Aussichtspunkten im »Grand Site des Deux Caps« wurde ein Netz an Fotospots angelegt – mit Infotafel und einer Halterung für alle Arten von Fotoapparaten. Wer möchte, kann sein Foto von dort per E-Mail in die Bildergalerie des Observatoire Photographique des Paysages der Website der zwei Kaps hochladen. Mit etwas Glück wird es dann als »Foto des Tages« präsentiert.

CÔTE D'OPALE – EINE ECHTE NATURKÜSTE

Das einzigartige Farbenspiel – von silbrigem Funkeln über irisierendes Blau bis zu mystischem Grün – inspirierte den Maler Edouard Lévêque 1911 zum Namen »Côte d'Opale« für den 140 Kilometer langen Küstenstreifen zwischen Calais und Boulogne-sur-Mer. Freiheit und Weite atmet diese Naturküste, heute Revier der Strandsegler, Surfer und SUP-Paddler, Wiege von Trendsportarten wie Longe-Côte, Oase für Thalasso und Bühne für die »Rencontres Internationales de Cerfs Volants«, bei denen bunte Lenkdrachen den Himmel bevölkern. Stilvolle Badeorte und charmante Fischerstädtchen säumen die Küste. Was sich in den Fluten der Weltmeere tummelt, verrät in Boulogne-sur-Mer das nationale Meereszentrum Nausicáa.
cote-dopale.com

← Das französische Gegenstück zu den White Cliffs of Dover: die Felsnase Blanc-Nez
↑ Am Gris-Nez blickt Pilot Charles Hubert Latham auf den Ärmelkanal: ein berührendes Denkmal.

2

BAIE DE SOMME

RETTUNG IN LETZTER MINUTE

Wir schreiben das Jahr 1970. Die Somme-Bucht ist ein ökologisches Katastrophengebiet, so verschmutzt, dass sie als gesundheitsgefährdend eingestuft wurde. Ein Verbot untersagt das Sammeln von Muscheln, ein anderes das Baden. *Fini!* Heute ist die Somme-Bucht Mitglied im Kreis der »großen Naturwunder Frankreichs«.

Bis dahin war es ein langer Weg. Erst 1988 durften Badegäste in Le Crotoy wieder ins Wasser, in Saint-Valéry-sur-Somme sogar erst 1993. Schuld am Umweltdesaster waren in die Bucht abgeleitete Abwässer und aus den landwirtschaftlich intensiv genutzten Böden der Umgebung geschwemmte Nitrate. Die Wende gelang dank Kläranlagen und strikter Naturschutzbestimmungen. Die trichterförmige Bucht, die sich zwischen Le Hourdel und Saint-Quentin über fünf Kilometer zum Ärmelkanal öffnet und bis zu zwölf Kilometer tief ins Inland reicht, ist heute nicht nur die Heimat von 350 Vogelarten, sondern auch von Seehunden und Kegelrobben.

Ab in die Stiefel!

Zweimal am Tag flieht der Ärmelkanal aus der Bucht, die mit Salzwiesen, Schlick, Sandbänken, Prielen eine über 7000 Hektar weite amphibische Landschaft bildet. Dann packt Maxime Marzi den Feldstecher aus. Wir schlüpfen mit dem Ökotourenführer in die Stiefel und brechen von der Pointe du Hourdel in das Reich von Austernfischer, Möwe und Brachvogel auf. In der Picardie heißt die Baie de Somme jedoch »die Robbenbucht«. Um den Namen zu verstehen, muss man mit Maxime zu den Sandbänken fast hinter den Horizont gehen. Dorthin, wo sich die größten Kegelrobben- und Seehundkolonien Nordfrankreichs rekeln.

Einige Tiere kennt er mit Namen. Adelaide zum Beispiel. Die Robbendame ist im Sommer zuvor kläglich heulend aufgefunden worden. Das Muttertier hatte sein Junges zurückgelassen, weil Reiter den Robben zu nahe gekommen waren. Nach dem Aufpäppeln wurde Adelaide wieder in die Freiheit der Somme-Bucht entlassen. Angst vor Menschen hat das Jungtier seither nicht mehr, auch nicht vor den Schaulustigen am Leuchtturm von Le Hourdel, wo Adelaide gern auf einer Kiesbank faulenzt.

Auf dem Trockenen

Wenn sich die Flut in die Bucht zurückdrückt, liegt der Geruch von Algen über Saint-Valery-sur-Somme. Die Altstadt thront mit gotischer Pfarrkirche auf einer Anhöhe. Unser Ziel ist die Kapelle der Fischer im Westen. Von hier schweift der Blick über die Somme-Bucht, die unaufhaltsam verlandet. Queller, Strandaster und Seelilie sind die ersten Pflanzen, die auf dem Schlick Wurzeln fassen. Später werden daraus Salzwiesen. Zwei Drittel ihrer Wasserfläche hat die Somme-Bucht so in drei Jahrhunderten verloren.

← Amphibische Naturlandschaft: die Baie de Somme
↓ **Diese Robbe hat es gut, denn sie lebt in der Authie-Bucht, geschützt und beobachtet von den Robbenpaten des Naturparks.**

Noch vor ein paar Jahrzehnten konnten Kutter in Saint-Valery-sur-Somme anlegen. Heute haben nur noch kleine Fischerbötchen und Segelschiffe genug Wasser unter dem Kiel. Darüber freuen sich Schwärme von Vögeln, die in der Somme-Bucht Nist- und Rastplätze finden. Darüber freuen sich Robben und Seehunde, die immer seltener von Schiffen belästigt werden. Und auch Maxime.

INFO

MIT DEM ZUG DURCH DIE BUCHT
Der Chemin de Fer de la Baie de Somme, eine nostalgische Dampfeisenbahn, umrundet die Bucht von Le Crotoy bis Cayeux-sur-Mer. Bequemer lassen sich Fauna und Flora kaum erkunden. Radtransport gratis!
chemindefer-baiedesomme.fr

WEITERE INFORMATIONEN
tourisme-baiedesomme.fr, Führungen mit Maxime Marzi: visit-somme.com/run-away-baie-maxim

3

TERRILS JUMEAUX VON LOOS-EN-GOHELLE

WILDE KEGEL MIT WEITBLICK

Aus mehr als 40 Kilometer Entfernung sind sie zu sehen: die Terrils jumeaux von Loos-en-Gohelle. Die schwarzen Abraumhalden, die der Kohleabbau der Zeche 11/19 hinterlassen hat, sind die höchsten in Europa und bieten aus 186 Meter Höhe atemberaubende Aussichten über das gesamte Bassin Minier.

300 Jahre lang prägte die Steinkohle Landschaft, Kultur und Gesellschaft des Bassin Minier, des »Ruhrgebiets« von Nordfrankreich. 88 dunkle Kegel bilden dort die *Chaîne des Terrils*, die »Kette der Halden«. Doch keiner dieser Hügel ist so vielfältig und spannend wie das Duo, das bei Loos-en-Gohelle in den Himmel ragt: die Terrils jumeaux, eigentlich ein Trio mit den offiziellen Namen Terril 74, 74 A und 74 B. Der Terril 74 ist aus Sicherheitsgründen gesperrt. Dort grasen Ziegen an einer Rampe, mit der einst der Abraum hinauf auf den Gipfel befördert wurde. Zum Belvedere des Terril 74 A führt in rund einer Stunde ein Wanderweg, der am Parkplatz Rue Léon Blum wie auch der Zeche 11/19 beginnt.

Die ersten Meter steigen nur langsam an. Hinauf zu einer ersten Halde, die die Giganten voneinander trennt, ist der Weg noch breit und asphaltiert. Am Plateau beginnt der steilere Part auf schwarzem Schotter und Stein. Immer steiler wird es. Für die letzten Meter nehmen manche Besucher die Hände zu Hilfe, um vorbei an ausgewachsenen Rinnen den Gipfel zu erreichen. Für die Mühe entschädigt das grandiose 360-Grad-Panorama vom Aussichtspunkt. Das ganze Bassin Minier liegt uns zu Füßen – ganz nah die Zeche 11/19 und das Stadion Bollaert-Delelis, etwas weiter der Terril Pinchonvalles, mit fast 1,5 Kilometer Länge die längste Halde Europas. Dann hebt sich die kanadische Gedenkstätte an den Ersten Weltkrieg, Vimy, mit ihrem strahlend weißen Stein vom Horizont ab, und bei klarer Sicht ist in der Ferne der Louvre-Lens zu sehen.

Neuer Lebensraum für zahlreiche Arten

Die Terrils jumeaux bestehen zum Großteil aus Schiefer, der beim Kohleabbau in der Zeche 11/19 als Abfall anfiel. 1986 wurde die Zeche stillgelegt. Seitdem hat die Natur die Terrils jumeaux erobert – und lässt Biologen wie Besucher staunen. Mehr als 260 Arten sind inzwischen dort heimisch: gelber Hornmohn *(Glaucium flavum)*, Schildampfer *(Rumex scutatus)*, Raue Nelke *(Dianthus armeria)*, Zwerg-Baumwolle *(Logfia minima)*, Blaue Vogelmiere *(Lysimachia foemina)* und seltene Blüher wie die Graue Königskerze *(Verbascum pulverulentum)* und die Pracht-Königskerze *(Verbascum speciosum)*. Überall krabbelt, kreucht und fleucht es. Libellen schwirren, Grillen zirpen, 90 Arten mischen sich ins Vogelkonzert, in das abends auch die Frösche und Kröten einfallen, die mit dem neuen Rückhaltebecken ebenfalls einen Lebensraum erhalten haben.

INFO

GRUBE 11/19

Die Grube 11/19 in Loos-en-Gohelle gehörte zu den vier größten Bergbaubetrieben im Bassin Minier, das zum Weltkulturerbe der UNESCO gehört. Die Zahlen 11 und 19 beziehen sich auf die Nummern der ehemaligen Schächte. Die 11 steht für den metallischen Förderturm aus den 1920er-Jahren. Schacht 11 wurde 1891 abgeteuft und die Grube 1894 in Betrieb genommen. Rund 1500 Bergleuten waren damals tätig. 1903 holten sie 358.450 Tonnen Kohle aus Schacht 11 – und stellten damit den damaligen Jahresrekord auf. Die 19 markiert den Betonturm aus den 1960er-Jahren, als inzwischen 5000 Kumpels unter Tage schufteten und 6000 Tonnen pro Tag förderten. Als er in Betrieb ging, begann zur gleichen Zeit die Rezession im Kohlebergbau. Am 31. Januar 1986 stellte die Grube den Betrieb ein. Heute ist die Zeche revitalisiert, das Erbe der Industrie Fassade für Co-Working, Start-ups, Kultur und Büros.
tourisme-lenslievin.fr

← Das ist er – der weite Blick vom Plateau der Terrils Jumeaux
↑ Für alle, die eine echte Radsport-Herausforderung suchen: das Erklimmen der Abraumhalte der Terrils Jumeaux

BEDROHTES BIGOUDEN-LAND

WENN DAS MEER STEIGT

Die Fähre schuftet sich durch die Mündung der Rivière de Pont-l'Abbé von Loctudy nach Île-Tudy. Es ist eine Passage in ein vom Untergang bedrohtes Taka-Tuka-Land mit blütenweißen Katen und mannshohen Stockrosen.

Flussaufwärts tauchen an den von den Gezeiten zweimal täglich vom Wasser bestürmten Ufern der Rivière de Pont-l'Abbé Reederpalais und Bürgerschlösser der Belle Époque zwischen Seekiefern auf. Graureiher, Rotschenkel und Brachvogel staksen durch Queller und Schlickgras. Die Fähre erreicht nach wenigen Minuten den Kai von Île-Tudy. Aus Gärten lugen Feigenbäume. In den Gassen schimmert in beiden Richtungen das Meer karibisch grün.

Doch die Idylle ist trügerisch. Île-Tudy, das trotz des Namens keine Insel ist, sondern eine von weißen Stränden gesäumte lange, schmale Halbinsel, gilt als vom Meer am stärksten bedrohter Ort im bretonischen Bigouden-Land. Von Penmarch'h bis Sainte-Marine liegt der Küstensaum teils unter Meeresspiegel und wurde von höchststaatlicher Seite zum »Territorium mit bedeutendem Überflutungsrisiko« erklärt. Die Gefahr beschränkt sich allerdings nicht allein auf die Bretagne. Der gesamte südliche Küstensaum gilt als gefährdet. Erste Orte wurden in der Region Nouvelle Aquitaine bereits als verloren eingestuft.

Optimistische Prognosen gehen angesichts des Klimawandels von einem weiteren Anstieg des Wassers um 60 Zentimeter bis zum Jahr 2100 aus. Weniger optimistische Prog-

← Der La-Perdrix-Leuchtturm steht unerschütterlich in der Mündung der Rivière de Pont-l'Abbé.
↙ Wie lange die Hausbesitzer von Île-Tudy noch unbesorgt am Strand liegen können, weiß niemand.

nosen sagen einen Meter voraus. In beiden Fällen wäre Île-Tudy dann wirklich eine Insel und die schmale Verbindung zum Festland geflutet.

Klassenkampf am Deich

Schon heute sind Dachluken als Fluchtweg Vorschrift. Alteingesessene weigern sich vehement gegen weitere kostspielige Schutzmaßnahmen, die die jeden Herbst anrollenden Sturmfluten eindämmen sollen. »Wir erleben einen regelrechten Klassenkampf«, resümiert Marie-Anne Gourlaouen. Über zwei Drittel aller Häuser sind Zweitwohnsitze, ein Ausverkauf, der in den Sechzigerjahren des vergangenen Jahrhunderts begonnen hat. Die pensionierte Direktorin der Grundschule von Île-Tudy bringt den Konflikt auf den Punkt: »Die Leute hier waren früher arm und mussten sich auf eigene Kosten gegen das Wasser schützen. Heute können sie sich im Dorf kein Haus mehr leisten und sollen neue Deiche für vermögende Ferienhausbesitzer mitbezahlen, die natürlich möglichst nah am Wasser wohnen wollen.«

Auch Maryvonne und Alain Bosser wohnen in einem Haus in attraktiver Uferlage. Besser gesagt, in ehemals attraktiver Uferlage. Jahr um Jahr verschwand ein weiteres Stück Strand vor ihren Augen, bis das Wasser ans Gartentor reichte. Mit 17 anderen Anwohnern haben die beiden das Ufer durch Felsblöcke sichern lassen, auf eigene Kosten. »Jetzt schlafen wir wieder ruhig«, erzählen die Vorruheständler. Einen anderen Weg gewählt hat Erik Patrix. Der Eventmanager aus Paris mit Ferienhaus in Île-Tudy gründete ein Festival. Das Thema: die Bedrohung der Küsten im Zug der Klimaerwärmung. Der Name: »Wenn das Meer steigt«.

INFO

PAYS BIGOUDEN

Pont-l'Abbé, die mit 8500 Einwohnern umtriebige Hauptstadt und größte Stadt des von den Fluten bedrohten Bigouden-Lands, verdankt seinen Namen einer Brücke über die Rivière de Pont-l'Abbé. Wer dem Treidelpfad bis zur fünf Kilometer entfernten Küste folgt, gelangt nach Loctudy. Sommervillen säumen den Strand. Die romanische Pfarrkirche zählt zu den schönsten bretonischen Sakralbauten. Ansonsten behauptet sich Loctudy als wichtigster Hafen für den Fang von Langustinen (Saison April bis August), ein Ruf, der dem Hafen nicht einmal von Le Guilvinec, dem übernächsten Hafen gut zehn Kilometer weiter westlich, streitig gemacht wird. Doch die 84 hochseetauglichen Boote im Hafen machen Le Guilvinec zu Frankreichs Nummer eins für frischen, nicht tiefgefrorenen Fisch. Und die Criée ist die drittgrößte Fischversteigerungshalle des Landes. Zugucken darf man bei Führungen.
loctudy.fr, haliotika.com

4

MARAIS VERNIER

LAUNIGE SEINE

Schilf links, Pappeln rechts, und auf dem Reetdach blühen gelbe Lilien. Auf der Seine schuften sich dicke Pötte von Rouen nach Le Havre durchs Wasser, und am Ufer gegenüber erstrecken sich die Anlagen einer Ölraffinerie. Mehr Kontrast zur verwunschenen Sumpflandschaft des Marais Vernier geht kaum.

Es war die Laune eines Flusses, die am Anfang des Marais Vernier stand. In der Eiszeit wechselte die Seine ihren Lauf und hinterließ eine hufeisenförmige Schleife, die heute ein Naturparadies umarmt. Dessen Name soll auf *verne*, die »Erle«, zurückgehen. Die 4500 Hektar großen Sümpfe sind ein Reservat für Camargue-Pferde, Highland-Rinder, Wanderfalken, Wasserhühner, Eulen und Graugänse.

Normannische Camargue

Sainte-Opportune-la-Mare liegt im Osten des Sumpfgebiets, das vom 17. bis ins 19. Jahrhundert in Teilen trockengelegt wurde. Das Straßendorf mit seinen Obstbauernhöfen scheint zur Apfelblüte im April wie verzaubert. Eine lokale Apfelsorte heißt Pomme Rever, benannt nach einem Pfarrer, der die Sorte im Marais Vernier eingeführt hat. Etwas außerhalb breitet sich im Westen La Grande Mare aus. Am Ufer des »großen Teichs« erinnert der Marais Vernier an die Camargue. Ein Holzturm für Birdwatcher lädt zum Beobachten von Enten, Gänsen, Reihern, Kormoranen ein.

Bei Quillebeuf bedeckt Entengrütze Teiche und Gräben. Vom ehemaligen Wikingerdorf am linken Ufer der Seine geht der Blick über den Fluss zu den Raffinerien von Port-Jérôme am gegenüberliegenden Ufer. In Quillebeuf hingegen, wo jahrhundertelang reiche Flussschiffer ansässig waren, prägen die romanische, der Patronin der Schiffer geweihte Kirche Notre-Dame-du-Bon-Port und stattliche Domizile wie die Maison Henri IV in der Grande Rue das Ortsbild.

Über diese Brücken kannst Du seh'n

Pappeln und Korbweiden stehen auf dem Weg nach Saint-Samson-de-la-Roque Spalier. Etwas außerhalb thront ein Leuchtturm auf der Pointe de la Roque. Vom 50 Meter hohen Kreidefels folgt der Blick der Seine und hängt sich an den Brücken über den Fluss fest: im Nordosten der aus den Fünfzigerjahren stammende Pont de Tancarville, im Westen, in Richtung Seine-Mündung, der futuristische Pont de Normandie. Schilder erklären, wie die Seine vor Versandung bewahrt wird und Deiche den Fluss seit 1850 zähmen.

In Le Marais-Vernier-Village krönen gelbe Lilien die Giebel der Reetdächer. Was zum einen eine Zierde ist, dient zum anderen dazu, Wasser aus dem Reet zu ziehen. La Côte, ein Steilhang, markiert hinter dem Dorf die ehemalige Uferkante der Seine. Schilf wogt. Eindeutig glückliche, weil frei laufende Pie-Normande-Kühe halten in den fetten Weiden das Gras kurz. Die normannischen Rinder werden von Camargue-Pferden, Shetland-Schafen und schottischen Highland-Rindern dabei unterstützt, die Kulturlandschaft des Marais Vernier zu bewahren. Bouquelon bietet ein letztes Mal großes Landschaftspanorama. Ein Orientierungstisch am Aussichtspunkt des Dorfs erklärt, was es im Marais Vernier zu sehen gibt, Schilder erklären das Natur- und Kulturerbe.

← Der Pont de Normandie thront hoch über der Sumpflandschaft der Seine-Mündung.
↓ Typisch Marais Vernier: Auf dem First des Reetdachs sprießen Iris und Grasbüschel.

INFO

FÊTE DE L'ÉTAMPAGE
Das Fest am 1. Mai wird seit 1793 begangen. Anlass ist das Brandmarken der Rinder mit den Initialen MV für Marais Vernier. Zum Fest gehören ein Bauernmarkt und ein Festbankett.
tourisme-pontaudemer-rislenormande.com

PONT DE NORMANDIE
200.000 Tonnen Beton und 20.000 Tonnen Stahl tragen »die Harfe der Mündung«, wie der 1995 eingeweihte Pont de Normandie genannt wird. Die milchweiße Schrägseilbrücke erinnert tatsächlich an eine Harfe und ist gebührenpflichtig, auch für Fußgänger. Die Aussicht lohnt aber jeden Cent.
pontsnormandietancarville.fr

5

GRAND SITE CÔTE D'ALBÂTRE

GEFÄHRLICH UND GEFÄHRDET

Der große Wumms war bis Les Petites Dalles zu hören. Als im Sommer 2016 bei Saint-Martinaux-Bruneaux ein hundert Meter langes Stück Kreidefels von den Klippen der Alabasterküste abbrach, filmten Badegäste am nahen Strand von Les Petites Dalles das ohrenbetäubende Spektakel.

Es gab wie durch ein Wunder keine Opfer unter den auf den Kieselstrand von Saint-Martinaux-Bruneaux gedonnerten Felsmassen. Nicht immer geht ein Abbruch so glimpflich ab. An besonders gefährlichen Stellen warnen Schilder vor Strandspaziergängen unter den majestätischen Klippen. Noch im Jahr zuvor kam in Varengeville-sur-Mer ein Fischer bei einem Felsabbruch ums Leben. An manchen Abschnitten reißt das Meer sogar bis zu einem Meter Land pro Jahr fort. Entsprechend milchigtürkis gefärbt vom abbröckelnden Kalk ist das Wasser.

13 Küstenorte, ein Ziel

Die Operation »Grand Site des Falaises d'Étretat – Côte d'Albâtre« vereint 13 Küstengemeinden von Fécamp im Norden bis zum Cap d'Antifer im Süden, die das fragile Naturwunder bewahren und schützen möchten. Der von höchstministeriellen Händen verliehene Titel »Grand Site« gilt für das Herzstück der Alabasterküste, die auf insgesamt 120 Kilometern wie ein gewaltiges Bollwerk mit von Wind und Wetter geschaffenen Bögen und Nadeln das zutiefst bäuerliche Pays de Caux vor dem Ansturm des Ärmelkanals schützt. Apropos Ansturm. Bei der Operation »Grand Site des Falaises d'Étretat – Côte d'Albâtre« geht es auch darum, den Besucheransturm zu kanalisieren und sensible Abschnitte des Küstenwanderwegs immer wieder auf ihre Sicherheit zu überprüfen.

← Für Maupassant war es ein Elefantenrüssel, für andere ist es ein Naturwunder: die Falaise d'Aval von Étretat.

Die Alabasterküste gehört geologisch zu den *côtes rocheuses elevées*, den »Steilklippen«, der Normandie. Wie von einem riesigen Tortenmesser abgeschnitten, brechen die Kreidefelsen abrupt ab. Von der Kante stürzt der Blick 60 bis 120 Meter tief. Vor allem der Sockel der porösen Kreidefelsen ist gefährdet. Ebbe und Flut scheppern mit bereits abgebrochenem Geröll gegen die Klippen und zertrümmern den Fels nach und nach. Lange Sandstrände wie in Veules-les-Roses sind die Ausnahme. Oft führen steile Treppen an winzige Strände, wo die von den Fluten rundgescheuerten Kiesel ans Ufer klickern. Es ist der Soundtrack der Côte d'Albâtre, untermalt von Möwengekrächze. Das Einsammeln der Steine ist übrigens verboten, sie schützen die Küsten vor Erosion.

»Am Rand der Erde«

Einer, der jeden Meter der Alabasterküste im Bereich des Grand Site kennt, liegt gern im rosshaardicken Gras, wenige Schritte vom Abgrund entfernt. Cyriaque Lethuillier ist Wander- und Naturführer, Angestellter der Küstenschutzbehörde, ehemaliger Bürgermeister von Cap d'Antifer und zudem eine lokale Instanz. Knapp hundert Meter unter uns lässt der Ärmelkanal die Kieselsteine an die Kalkklippen scheppern. Wir schweigen ehrfürchtig. Cyriaque zitiert Guy de Maupassant: »Eine bewunderungswürdige Straße zwischen Himmel und Meer, eine Wiesenstraße verläuft über dieser großen Mauer, am Rand der Erde, über dem Ozean.«

Großes Klippenkino

Unsere Wanderung führt über eine schwindelerregende Treppe runter an den Strand. Kieselsteine knirschen unter den Schuhen. Dann breitet sich die Strandsichel von Étretat aus. Im berühmtesten Ort der Côte d'Albâtre brummt's.

Belle-Époque-Villen machen sich mit Türmchen und Erkern wichtig. Zu Uferbars umfunktionierte Fischerboote thronen auf dem Kai. In den Gassen tummeln sich die Tagesausflügler. Es geht noch einmal kräftig hoch. Ziel ist die Falaise d'Aval am Westende des Strands. Maupassant sah im monumentalen Felsbogen der Falaise d'Aval einen Elefanten, der den Rüssel ins Wasser steckt. Ist notiert. Von der Klippenkante ist der Blick auf die Aiguille, eine einsam aus dem Wasser aufragende Felsnadel, und die wuchtige Manneporte, ein Felstor weiter westlich, schlicht umwerfend.

Kein Wunder, dass Étretat es ganzen Generationen von Künstlern angetan hat. Maler waren von den Klippen fasziniert, Schriftsteller ließen sich von der mörderischen Szenerie inspirieren. Regisseur Stéphane Brizé hat in Étretat Maupassants Roman »Ein Leben« verfilmt. Und Wim Wenders nutzte die bleichen Klippen in Varengeville-sur-Mer als Kulisse für das Entführungsdrama »Grenzenlos«.

Mit »Tante Fine« auf See

In der Hafenstadt Fécamp, wo die »Opération Grand Site des Falaises d'Étretat – Côte d'Albâtre« ihren Sitz hat, geht es aufs Wasser. Das Schiff heißt »Tante Fine« und ist ein Langustinenfischerboot, Baujahr 1962. Der drahtige kleine Mann am Steuerrad nennt sich Asterix und sieht mit Schnauzbart auch so aus. Seinen Nachnamen kannte nicht einmal das Office de Tourisme in Fécamp, über das der Törn längs der Alabasterküste gebucht werden kann. »Tante Fine« gehört einem gemeinnützigen Verein, der das historische Segelschiff in Tausenden von Arbeitsstunden restauriert hat.

Im Hafen tuckern wir am Musée Les Pêcheries vorbei. Der Bau war ursprünglich eine Fischfabrik. Jetzt wird hier anhand von Hafenmodellen, Booten, Netzen, Räucheröfen die Geschichte der kühnen Fischer von Fécamp gezeigt, die sich bis Island wagten. Mit vier Knoten pflügt sich »Tante Fine« durchs atlantikblaue Wasser. Landeinwärts gleißen die weißen Klippen in der Sonne. Es ist ein Spektakel von fast gewalttätiger Schönheit.

↖ Badende und Fischerboote teilen sich den Kieselstrand von Yport.
← Die Veules ist Frankreichs kürzester Fluss und Namensgeberin von Veules-les-Roses.
↗ Nein, Sie haben keinen Benediktinerlikör zu viel getrunken. Auch wenn die delirante Architektur des Palais Bénédictine Sie das glauben lässt.

INFO

KÜSTENSCHÖNHEITEN
Veules-les-Roses wird vom kleinsten Fluss Frankreichs, der Veules, durchflossen und zählt zum Zirkel der »schönsten Dörfer Frankreichs«. Im Fischerdorf Yport werden die Boote auf den Kieselstrand gezogen. Im winzigen Seebad Les Petites Dalles stieg 1875 Kaiserin Elisabeth (Sisi) beim Sommerurlaub ins Wasser. Allen gemein ist die Lage in einem sich zum Meer öffnenden engen Tal. veules-les-roses.fr, fecamptourisme.com, sipetitesdalles.org

GARTENGLÜCK
In Varengeville-sur-Mer laden drei außergewöhnliche Gärten ein: Le Vasterival, Lebenswerk der rumänisch-moldawischen Fürstin Greta Sturdza, mit über 10.000 seltene Baum- und Pflanzenarten. Very british wirkt Le Bois des Moutiers, von Gertrude Jekyll, durch die Hestercombe Gardens berühmt geworden, gestaltet (zurzeit geschlossen). Und die Collection Shamrock mit 1500 verschiedenen Hortensien – Weltrekord! vasterival.fr, boisdesmoutiers.com, shamrock-varengeville.com

KÜSTENWANDERWEG
Der GR 21 (Markierung rot-weißer Doppelbalken) folgt der Côte d'Albâtre. Unbedingt auf dem markierten Weg bleiben! gr-infos.com/gr21a.htm, natterra.fr

Bei Le Tilleul hat die Brandung die Alabasterküste erodiert und Augen in den Stein gewaschen.

6

SUISSE NORMANDE

AND THE WINNER IS …

Beim jährlichen Wettbewerb »Frankeichs beliebtester Fernwanderweg« war das Votum 2023 eindeutig. Das Rennen machte die »Tour de la Suisse Normande«. Was kein Wunder ist. Der 113 Kilometer lange Rundweg entführt in für die größtenteils flache Normandie ungeahnte Höhen.

Südlich von Caen führt die Orne einen Schleifentanz auf. Mit der Boucle du Hom schließt der Fluss fast einen Kreis. Das Tal verengt sich mehr und mehr, der Fluss fräst sich tief in sein steiniges Bett. Felsen bauen sich auf. Ufer sind unzugänglich. Freeclimber kleben in der Wand. Kanuten trotzen der Strömung. Turmfalken, die Symbolvögel der Suisse Normande, kreisen in der Luft. Normannische Schweiz heißt das wildromantische Gebiet im Dreieck Thury-Harcourt, Condé-sur-Noireau und Falaise wegen seiner wilden Schönheit. Die im Alpenraum verbreitete Türkenbund-Lilie gedeiht prächtig. Alpin ist die Normandie gleichwohl auch hier nicht, aber mit Höhen, die an die 300 Meter erreichen, der ungezähmten Orne und fast menschenleerer Weite ein Paradies für Naturfreunde.

Achtung, Kante!

Bei Clécy bedeckt der Blütenteppich meterlanger, von der Strömung gekämmter Algen die Orne. Seltene Libellenarten tänzeln über dem Wasser. Enten schnattern. Vom Pain de Sucre, einem gut 200 Meter hohen Gipfel, fliegt der Blick über die Hügel von Clécy, die Orne-Schleife und die Roches de la Houle, die Steilfelsen am Orne-Ufer.

Es geht noch eine Nummer schwindelerregender. Südlich von Pont-d'Ouilly schlagen die Gorges de Saint-Aubert eine sieben Kilometer lange, steile Schlucht in die Collines de Normandie. Die »Hügel der Normandie« sind Teil des Armorikanischen Granitmassivs. Spektakulärster Aussichtspunkt ist die Roche d'Oëtre, ein Fels, der über dem Orne-Zufluss Rouvre kühn auskragt. Der Blick stürzt von der ungesicherten Felskante 118 Meter in die Tiefe.

Ein Château kommt selten allein

Die sich ungehalten in ihrem Bett windende Orne zu zähmen vermag der Barrage de Rabodanges. Die Staumauer ringt dem Fluss einen Badesee ab, den Lac de Rabodanges, der nach einem nahen Weiler und seinem prunkvollen Château aus dem 17. Jahrhundert benannt ist. Frankreich oblige, es ist nicht das einzige in der Suisse Normande. Lauschig im Tal der Durance bettet sich das Château de Pontécoulant aus dem 16. bis 18. Jahrhundert. Es gehört dem Département Calvados und kann besichtigt werden.

Nach Süden ist die Grenze zum Naturpark Normandie-Maine grün. In den Wäldern gibt nun der Hirsch, das Symboltier des Naturparks, den Ton an.

INFO

PONT-D'OUILLY
Im verbummelten Städtchen, das seinen Namen der alten Steinbrücke über die Orne verdankt, mündet der Noireau in den Fluss. In der Épicerie du Coing bieten an die 50 Erzeuger Obst, Gemüse, Käse an, das meiste davon ist bio. Sonntags ist nicht nur Markt, sondern es gibt von Juni bis September auch Tanz in der Guinguette, dem Ausflugslokal am Orne-Ufer (15–19 Uhr). Die Musik liefern lokale Bands. lepicerieducoing.com, pont-douilly.stationverte.com

KAYAK CLUB DE THURY-HARCOURT
Kajak- und Kanutouren ab Pont d'Ouilly oder Clécy bis Thury-Harcourt, mit oder ohne Begleitung, im Einer- oder Zweier-Kajak, inklusive Transfer. Tipp: Ungeübte Kanuten sollten als Tagesetappe die kürzere Strecke von Clécy bis Thury-Harcourt planen (14 Kilometer).
thury-plein-air.fr

WEITERE INFORMATIONEN
suisse-normande-tourisme.com

← Der Blick von der Roche d'Oëtre auf das Tal der Rouvre im Herzen der Normannischen Schweiz
↑ Paddler, kommst du nach Clécy: Nimm den richtigen Bogen!

7

ÎLES CHAUSEY

FÜR JEDEN TAG EINE INSEL

65 Inseln sollen bei Ebbe zu sehen sein, 52 bei Flut ... behaupten die einen. Andere sprechen von nur 22 Inseln. Doch nur eine ist bewohnt im größten Archipel Europas: die Grande Île. Sie ist das Ziel all derer, die von Cancale oder Granville aus zu einem Törn aufbrechen und die größte Insel beim Radfahren, Baden oder Wandern entdecken.

Die Chausey-Insel bilden eine faszinierende amphibische Landschaft, in der Land und Meer verschwimmen und die stärksten Tiden Europas zweimal pro Tag das Antlitz ändern. Ein Netz großer und kleinerer Sandbänke verbindet die Inseln aus Granit untereinander, die Teil des Armorikanischen Massivs sind, das sich von Westfrankreich bis zu den Britischen Inseln erstreckt.

Kegelrobben und Delfine tummeln sich in den Fluten; Seezunge, Scholle, Steinbutt und Seelachs landen in den Netzen der Fischer. Schreiend stürzen sich die Möwen auf all das, was diese in hohem Bogen wieder zurück ins Meer werfen. Seeschwalben nutzen die Inseln als Rastplatz auf ihren Wanderungen. Kormorane trocknen ihre Flügel an Pollern und Molen. Die Artenvielfalt schützt das EU-weite Schutzgebietsnetz »Natura 2000«.

Mit kleinen flachen Booten, *dories* genannt, schippern die Einheimischen in ihrem Inselreich umher. Früher wurde gerudert, heute erledigt diese anstrengende Arbeit ein Motor. Nur am ersten Augustwochenende heißt es wieder: in die Riemen. Dann richten die Inseln die Chausey-Regatta aus.

Für Orientierung in der Inselgruppe sorgen Bojen, Baken und zwei Leuchttürme – der Phare de Chausey und ein zweiter Signalturm, der auf dem Hügel Gros-Mont über die schönste Badebucht der Grande-Île wacht. Zu diesem Duo gesellen sich die Tour Lambert und die Tour Baudry, beide in der Mitte des 19. Jahrhunderts erbaut, um die endlosen Streitereien zwischen Granville und Cancale zu beenden.

Paradiesisch wild

Die Îles Chausey gehören heute zu Granville. Von dort segelte auch Louis Renault von der berühmten Autodynastie zur Grande Île, verliebte sich in das Burgschloss am Port Homard und ließ es 1923 in eine Luxusferienvilla verwandeln. Wie wichtig der Archipel jahrhundertelang strategisch war, verrät das Vauban-Fort, das Napoleon III. 1866 als Bollwerk gegen Britannien verstärken ließ. Im Ersten Weltkrieg waren 300 Deutsche und Österreicher dort eingekerkert. Im Zweiten Weltkrieg zog eine Garnison der Deutschen Wehrmacht ins Fort. Heute bildet seine unterirdische Zisterne die wichtigste Trinkwasserreserve der Grande Île. Ebenfalls dort befindet sich eine pflanzliche Kläranlage, die das an der Pointe du Phare gesammelte und vom Schilf gefilterte Abwasser weiter säubert – damit das Archipel auch künftig paradiesisch wild bleibt!

← Boote tummeln sich an der Küste der Grande Île im Chausey-Archipel.
↓ Weiß getünchte Häuser – so sieht die typische Insel-Architektur der Îles Chausey aus.

INFO

DREIFACHER BADESPASS

Von den sechs Stränden mit feinem weißem Sand sind drei zum Baden geöffnet: Port Marie lockt mit feinem Sandstrand (kein Schatten!) Am hellen Sandstrand der Port-Homard-Bucht erhebt sich das Château Renault. Und das Wahrzeichen der Plage de la Grande Grève sind ihre bizarren Granitformationen. Wer seine Fantasie spielen lässt, entdeckt vielleicht auch den Rocher de l'Éléphant – der Felsklotz soll einem Elefanten ähneln. Wenig weiter recken sich ein paar Steine, die an eine Gruppe stehender Mönche erinnern, in den hohen Himmel. »Rocher des Moines« nannten die Einheimischen diesen Felsen.

ZEUGNISSE DER MEGALITHZEIT

Das milde Klima der Îles Chausey gefiel bereits den Vorzeitmenschen. Bei Ausgrabungen auf den Chausey-Inseln entdeckten Archäologen ihre Spuren: Werkzeuge aus Feuerstein aus dem Mesolithikum. Sie belegen, dass Menschen seit mindestens 10.000 Jahren dort ansässig sind. Auch mehrere Grabhügel geben davon Zeugnis, so zum Beispiel die Dolmen Maison des Morts und Pierre du Sacrifice, auch »Dolmen de la Chapelle« genannt.
ileschausey.co

8

CAP DE LA HAGUE

EINE FABRIK FÜR NATURWUNDER

Das Cap de la Hague trägt schwer an der in seiner Mitte gut kaschierten *usine*. Denn in der »die Fabrik« genannten Anlage wird der Atommüll aus Frankreichs Kernkraftwerken wiederaufbereitet. Was für das normannische Ende der Welt Fluch und Segen zugleich bedeutet.

Es gibt Orte auf der Welt, die ihre Unberührtheit dem Schrecken verdanken, der in ihnen wohnt. Die demilitarisierte Zone zwischen Nord- und Südkorea, wo ein Zehntel der weltweiten Kranichpopulation überwintert, gehört dazu. Auch die UN-Pufferzone auf Zypern als Reservat seltener Orchideen und Wildtulpen ist ein solcher Ort. Und das Cap de la Hague, das wegen der Usine de retraitement de la Hague weitgehend touristisches Niemandsland ist und dessen Küsten von Bausünden verschont blieben. Gleichzeitig entwickelten sich Flora und Fauna prächtig.

Atomkraft? Oui, síl-vous-plaît!

1961 fasste die junge Atommacht Frankreich den Beschluss, eine Wiederaufbereitungsanlage für abgebrannte Kernbrennstoffe am weit von den Pariser Technokratenbüros entfernten Cap de la Hague bauen zu lassen. Bei der Größe übertrifft die Anlage mit ihren sieben Kilometern Hochsicherheitszaun die benachbarten Dörfer Jobourg und Beaumont-Hague. Wer allerdings nicht die »Route Départementale 901« auf der Südseite der Usine für die Anreise ans Kap wählt, sondern die Wanderschuhe anzieht, wird von der Existenz der mehrere Hundert Hektar großen Anlage wenig mitbekommen. Hohlwege, Talsohlen und Hecken verstellen die Sicht.

»Niemand wollte das Tal der Mühlen«, erinnert sich Gérard Fusberti, »denn niemand wollte hier irgendetwas kaufen.« Nicht so der Bohémien und Freidenker. Ende der Sechzigerjahre konnte Fusberti das wildromantische Vallée des Moulins für einen Spottpreis erwerben. Er schuf dort den verwunschenen Jardin Prévert zu Ehren des verstorbenen Dichters und väterlichen Freunds, der nur wenige Kilometer entfernt mit seiner Frau ebenfalls eine Aussteigerexistenz führte.

Pack' die Wanderschuhe ein!

Kühe schauen mich an. Sie tragen Brillen, was die Rinder als *pies normandes* ausweist, mit den für die normannische Rasse typischen, im Fell wie ein Brillengestell gezeichneten Kringeln um die Augen. Der Weg vom Prévert-Garten durchs Vallée des Moulins stößt beim Weiler Danneville auf den Küstenwanderweg. Von nun an geht es stramm nach Westen an die Spitze des Kaps. Fette Weiden links, über die aus Strandkieseln aufgeschüttete Mäuerchen ein abstraktes Muster legen. Rechts der knochenbleiche Kieselstrand, über dem Mauersegler Tiefflugübungen veranstalten. Eine Handvoll papageienbunter Boote ruht an der

→ Der Phare de la Hague bewacht die Zufahrt in den Hafen von Goury, und das seit 1838.

← Das Seenotrettungsschiff kann im Hafen von Goury bleiben. So ruhig ist das Meer allerdings selten am Cap de la Hague.
↙ Das Mikroklima von Vauville ist legendär, die Blütenpracht ebenso.
↘ Kommt der Atlantik in Fahrt, stürmt er schon mal über die Hafenmole von Goury.

Pointe de la Loge im Tang. Ein Bunker des Atlantikwalls versinkt im Sand. Vom Dach des Betonungetüms schweift der Blick über Felsbänke und Wellen zur Spitze des Kaps. Unten gurgelt der Ärmelkanal bedrohlich. Strudel tanzen wild im tintenblauen Wasser. Einen Kilometer vor der Küste trotzt der Phare de la Hague seit 1838 dem Sog des bis zu zwölf Knoten schnellen Raz Blanchard.

Gefährliche Fluten

Kieselsteine, mal schokoladenei-, mal straußeneigroß, klickern und knirschen unter den Füßen. Der Weg führt über einen meterhohen Deich, den die brodelnden Fluten vom Kieselstrand auf den Küstensaum geworfen haben. An seinem Ende liegt Goury, ein Hafen mit von Flechten und Moosen überzogenen Granitgemäuern. Von der achteckigen Station der nationalen Schiffsrettungsgesellschaft SNSM lässt sich das knallorangefarbene Rettungsboot »Mona Rigolet« bei Gefahr über eine Rampe in die unwirklich türkisblauen und petrolgrünen Fluten transportieren. Jährlich gibt es weit über hundert Einsätze, vom untergegangenen Fischkutter, dessen Besatzung aus dem Meer gefischt werden muss, bis zur Segeljacht mit gebrochenem Mast und Motorschaden.

Heidekraut, Farn, Brombeeren, Ginster polstern die Steilhänge mit einem dichten, stacheligen, krautigen Pelz. »Petite Irlande« – »Klein Irland« – nennen die Menschen vom Cap de la Hague die Steilküste an der Westflanke des Kaps. Die Ufer werden zusehends schroffer. Der Küstenwanderweg schlingert am Abgrund lang. Wer von Goury weiterwandert, sollte schwindelfrei sein. Der Blick stürzt sechzig, achtzig, über hundert Meter in die Tiefe. Und unten läuft der Atlantik Amok.

Stille am Nez de Jobourg. 128 Meter über dem tintenblauen Wasser prescht die Felsnase in den Ärmelkanal vor. Immer geradeaus: die graugrüne Silhouette der britischen Kanalinsel Aurigny. Wanderer halten sich an Ginsterbüschen fest. Weiter südlich hangelt sich der Küstenwanderweg von Felsnase zu Steilklippe, von einer unzugänglichen Kieselbucht zu einem liliengesäumten Bachlauf. Letzter Zwischenstopp am Aussichtspunkt Treize Vents.

Fast alle Winde vollzählig

Es ist Sonntag, in Frankeich mithin der Tag der Rennradfahrer, die in losen Formationen auf der schmalen Piste oberhalb der Bucht von Vauville unterwegs sind. Gefühlt mindestens zwölf der dreizehn Winde, die dem Aussichtspunkt den Namen geben, blasen den Radlern entgegen. Die Brise scheucht den Blick über den Sandstrand am Saum der monumentalen, dabei völlig unverbauten Bucht, fliegt über sattgrüne Hänge und landet bei den Dünengebirgen von Biville, dreht noch einmal auf. Soll sie doch.

INFO

JARDIN BOTANIQUE DE VAUVILLE
Palmen lugen über den Dünenkamm und weisen den Weg zum Tropengarten. Seit 1947 konnten rund um ein Herrenhaus über 600 Pflanzen der südlichen Hemisphäre akklimatisiert werden, darunter tasmanischer Baumfarn, japanische Livistoniapalmen oder Mittelmeerzistrosen. An den Park grenzt ein Schaubauernhof mit alten normannischen Nutztierrassen.
jardin-vauville.fr

MAISON PRÉVERT
Das Granitgemäuer im Weiler Le Val ist heute ein Dichtermuseum. Hinter der Gartenmauer wuchern Gunnera-Stauden, Préverts Lieblingspflanzen. Drinnen schwebt ein pausbäckiger Engel im Gebälk. Im Obergeschoss schnipselte Prévert an einem langen Tisch in Magazinen rum und schuf surreale Collagen. Die Pflanzen im Garten zu Ehren des Dichters stifteten seine Freunde. Yves Montand brachte Pinien vorbei. Die Schauspielerin Arletty ließ Efeu sprießen. Der Fotograf Robert Doisneau entschied sich für eine Linde, Juliette Gréco für Azaleen. Bonmots von Prévert und surreale Skulpturen säumen die Wege.
encotentin.fr

WEITERE INFORMATIONEN
encotentin.fr/la-hague

Das Cap de la Hague gilt als Insektenparadies. Nicht nur die blaue Libelle fühlt sich hier wohl.

9

MÉNEZ-HOM, MONTS D'ARRÉE UND MONTAGNES NOIRES

IN DEN HIGHLANDS DER BRETAGNE

Die kaum 400 Meter hohen Gipfelzüge der inneren Bretagne waren einst das Zentrum einer Auswanderungswelle nach Amerika, die bis 1930 Tausende Bretonen über den Atlantik trieb. Ein Jahrhundert später erobern Aussteiger die tundraartigen Heideflächen und wildschweinfreundlichen Wälder zurück.

Nebelschwaden huschen über den ratzekahlen Buckel des Ménez-Hom. Wo Wind und Wetter den heiligen Berg der Südbretagne nicht gänzlich glatt gescheuert haben, ducken sich knöchelhohes Heidekraut, windverzurrter Ginster und Farn in der steifen Brise weg. Moospolster leuchten fluoreszierendgrün. Der 330 Meter hohe Ménez-Hom, ein Vorposten der »Schwarzen Berge« der inneren Bretagne, ist ein magischer Ort. De Gaulle nutzte den ersten Tag im Ruhestand zur Besteigung. Tauchte jetzt der Schatten des ehemaligen französischen Präsidenten aus dem Nebel auf, man würde sich nicht wundern.

360-Grad-Panorama

Bevor es dazu kommt, reißt der Himmel auf. Der Blick schweift ungehindert in alle vier Himmelsrichtungen. Nach Westen prescht die Halbinsel von Crozon in den tintenblauen Atlantik vor, die wie ein Dreizack in den Parc naturel Marin d'Iroise ragt. Frankreichs erster nationaler Meeresnaturpark umfasst 3550 Quadratkilometer Wasser und eine Handvoll Inseln in der Mer d'Iroise, der türkisblauen See an der Schnittstelle von Ärmelkanal und offenem Atlantik. Über 300 Algenarten, 120 Fischarten, ein Dutzend Seevogelarten, Seesäugetiere wie Delfin und Robbe stehen unter Schutz. Im Süden gleißt der kilometerlange Sandstrand von Sainte-Anne-la-Palud … Schon versinkt Frankreichs westlicher Landpunkt wieder im *crachin*. Der bretonische Feinregen versprüht Myriaden winziger Tropfen.

Wo Hase und Igel sich Gute Nacht sagen

Nach Osten, ins Landesinnere der Bretagne, rollt ein Patchworkteppich aus Äckern und Weiden davon. In den Monts d'Arrée und der Montagnes Noires wechseln *ménez*, abgeflachte Hügelkuppen, mit *roc'h*, scharfkantigen Schiefergipfeln. Kalvarienkreuze zeichnen Scherenschnittbilder in den Himmel. Hecken sind Lebensraum für Schleiereule, Steinkauz, eine Vielzahl von Singvögeln, für Steinmarder, Hase und Igel. Feldwege führen ins Nichts, wo zumindest eine Kapelle in der krautigen Weite für seelischen Beistand bürgt. Haushohe Felsen lassen sich im Wald von Huelgoat mit einem Handstupser zum Zittern bringen. Taleinschnitte sind so tief, dass der Volksmund sie als »Pforten ins Jenseits« bezeichnet. Für den bretonischen Schriftsteller Jacques Cambry hingegen, der 1805 die Académie Celtique gegründet hat, waren die unwirklichen Höhenzüge der Monts d'Arrée und der Montagnes Noires »eine traurigere Einöde als die von Afrika«.

INFO

HUELGOAT

Der Ortsname bedeutet »hoher Wald«. Das von Wäldern umgebene Städtchen lockt mit dem Chaos du Moulin am Ortsrand. Links und rechts des Flüsschens Argent türmen sich glatt gescheuerte Felskolosse. Der berühmteste Stein, La Roche Tremblante, wiegt 100 Tonnen und kann mit einem Handdruck zum Wackeln gebracht werden.
bretagne-finistere-huelgoat.com

GIPFELKETTE

Der von einer Kapelle gekrönte, ratzekahle, 380 Meter hohe Gipfel der Montagne Saint-Michel bildet mit dem 384 Meter hohen Tuchenn-ar-Gador und dem 383 Meter hohen Roc'h Trévézel eine Gipfelkette, die den Höhenzug der Monts d'Arrée beherrscht. Sümpfe und Moore rahmen den Lac de Nestavel am Fuß der Montagne Saint-Michel. Von 1966 bis 1985 wurde das Wasser zum Kühlen des Atomkraftwerks am östlichen Ufer genutzt. Dann wurde die Anlage wegen mangelnder Rentabilität geschlossen.
montsdarreetourisme.bzh

WEITERE INFORMATIONEN

finisteresud.com

← Wie von Riesen verteilt: die moosüberzogenen Felsbrocken im Wald von Huelgoat
↑ Die Farbe Lila – bei Sonnenaufgang leuchtet das Heidekraut auf dem Ménez-Hom.

10

CAP SIZUN

NUKLEEL? NANN TRUGAREZ!

Unweit der Pointe du Raz sollte Mitte der Siebzigerjahre ein Atomkraftwerk gebaut werden. Daraus wurde nichts. Dafür wurde die Westspitze des Cap Sizun von störenden Bauten befreit und zum »Grand Site de France« erklärt. Über den 70 hohen Klippen herrscht weiterhin Ende-der-Welt-Stimmung.

← Achtung, die Sonne steht schon tief über dem Cap Sizun. Nichts wie in die Wanderunterkunft!
↓ Gefährliche Lage – die Île de Sein ragt nur 1,50 Meter über den Atlantik hinaus.

Plogoff wäre nur eins von vielen Granitsteindörfern auf der Südseite des Cap Sizun, hätten die staatlichen und allmächtigen Elektrizitätswerke EDF sich 1976 nicht den Zorn der Menschen vom Kap, ach was, fast ganz Frankreichs zugezogen. Die Bretonen erfuhren erst aus der Presse, dass Paris ein Atomkraftwerk an der Pointe du Raz plane. Der Widerstand erwies sich als ebenso mächtig wie die Gezeiten. »*Nukleel? Nann trugarez!*« – Atomkraft? Nein danke! –, bretonisierte es aus dem Dorf. Hunderttausende Franzosen unterstützten den Protest. Es kam zu bürgerkriegsähnlichen Szenen, bis der Plan 1981 zurückgezogen wurde.

3400 Kilometer geradeaus: Amerika!

Die »Hölle von Plogoff« hat mit diesen Tumulten nichts zu tun. Es handelt sich vielmehr um tiefe Felseinschnitte und Grotten an der Nordseite der Pointe du Raz, die das Meer kräftig aufschäumen lassen. An der Pointe du Raz dann läuft der Atlantik Amok. Die brodelnde Flut hat die äußerste Spitze des Cap Sizun in ein Trümmerfeld aus Granitbrocken zerlegt. Tordalke, Dreizehenmöwen, Haubenkormorane bevölkern die Felsen. In den Strudeln behaupten sich die Leuchttürme Phare de la Vieille und Phare de la Plate. Nur bei klarer Sicht ist der 20 Kilometer vor der Küste aus dem tintenblauen Wasser ragende Phare d'Ar Men ebenfalls zu sehen. 3400 Kilometer weiter geradeaus folgt Amerika.

Seit 1997, als die Pointe du Raz zum »Grand Site de France« erklärt wurde, sind der motorisierte Verkehr, unschöne Souvenir-Boutiquen, Imbisse und das legendäre, aber seinerzeit ohne Baugenehmigung gebaute Hôtel de l'Iroise verschwunden. Das neue Besucherzentrum mit Info-Büro, Boutiquen, Cafés und Crêperie versteckt sich in gebührendem Abstand zur Felsspitze unter begrünten Dächern und hinter Natursteinmauern. Parkplätze fangen den Besucherverkehr vor dem wildesten Ende der bretonischen Welt ab. Von Ginster und Heidekraut begrenzte Wege ersetzen die einst in alle Himmelsrichtungen verlaufenden Trampelpfade. Geblieben sind der Signalturm und eine Basis der französischen Armee sowie die pathetische Statue von Notre-Dame-des-Trépassés.

Gerahmt von den monumentalen Felsen der Pointe du Raz und der sich fast ebenso dramatisch über den Fluten aufbäumenden Pointe du Van im Norden formt die Baie des Trépassés ein einladendes Halbrund aus Sand. Hin geht es über den Küstenwanderweg, der das gesamte Cap Sizun umrundet. Doch Vorsicht! Die Strömung in der Bucht, deren Name auf die vielen hier angespülten Ertrunkenen zurückgehen soll, ist mörderisch. Eine andere These besagt, dass in keltischer Zeit Verstorbene in der Bucht auf kleinen Barken zur letzten Reise auf See geschickt wurden. Teilnahmslos grollt der Atlantik und holt sich, wen er will.

INFO

SEIN
Mehrmals wurde die nur zwei Kilometer lange und 800 Meter breite Insel vom Atlantik überrollt – Sein ragt nur eineinhalb Meter aus dem Wasser. *Qui voit Sein, voit sa fin.* »Wer Sein sieht, schaut in sein Ende«, lautet daher ein bretonischer Spruch. Auch die Überfahrt hat ihre Tücken. Felsen und Riffe erschweren die Passage zwischen der Pointe du Raz und der Insel.
iles-du-ponant.com/iles/ile-de-sein/

DOUARNENEZ
Der um 1900 größte Sardinenfischereihafen Europas ist das nördliche Tor des Cap Sizun. An dessen einstige Bedeutung erinnert der Port-Musée mit einer Sammlung von historischen Booten.
douarnenez-tourisme.de

11

ARCHIPEL DES SEPT ÎLES

IM KÖNIGREICH DES BASSTÖLPELS

Zunächst die gute Nachricht: Die Bevölkerung auf dem Archipel des Sept Îles wächst beständig. Annähernd 23.000 Basstölpelpaare haben Ornithologen, die allein das Recht haben, alle Inseln, Felsen und Riffe zu betreten, bei der jüngsten Zählung ausgemacht. Tendenz steigend.

Kein Wunder, dass der Archipel des Sept Îles als Königreich des Basstölpels gilt. Zu den fünf »echten Inseln« L'île de Bono, L'île plate, L'île aux Moines, Rouzic, L'île Malban kommen zwei Felsinselchen, Cerf und Les Costans, sowie unzählige Riffe. Seit 1912 steht der Archipel vor der Rosa Granitküste unter Naturschutz. 1976 folgte die Erklärung zur *Réserve Naturelle.*

Jeder Quadratzentimeter der felsigen Ostseite von Rouzic scheint an brütende Paare vergeben zu sein. »Sie nisten immer am selben Platz, immer mit demselben Partner«, erklärt Philippe Biarnez, während das Gekreische übers Wasser schallt. Der Segellehrer vom Centre Nautique in Perros-Guirec steuert den fünf Seemeilen vor der Rosa Granitküste versprengten Archipel regelmäßig mit der zweimastigen »Ar Jentilez« an – bis Windstärke 7 wird zum Birdwatching mit maximal zehn Passagieren an Bord ausgelaufen.

Der Nachbau eines historischen Algenfischerboots umschifft zunächst Rouzic, um dann Kurs auf die irischgrüne Île aux Moines zu nehmen. Es ist die einzige Insel des unter Naturschutz stehenden Archipels, die Besucher betreten dürfen. Der Landgang endet vor einem verlassenen Granitgemäuer in Balkonlage über dem Archipel. Austernfischer und Möwen gieren auf die Ankunft der Ausflügler, deren Picknick fette Beute verspricht. Kein Stück Baguette, das für einen Augenblick unbeobachtet auf der Mauer herumliegt, entgeht ihren Schnäbeln.

Mönche, Papageientaucher und Robben

Schon im 15. Jahrhundert haben die Cordeliers-Mönche, denen die Île aux Moines – zu Deutsch die »Mönchsinsel« – ihren Namen verdankt, das Eiland verlassen. Später wurde das Eiland militärisch genutzt. Von der kleinen Garnison, die ab 1720 an der Westspitze stationiert war, aber blieb nur ein halb verfallenes Fort. Der Leuchtturm in der Inselmitte ist seit Langem voll automatisiert. »Auf dem Archipel des Sept Iles halten es nur Basstölpel und Papageientaucher aus«, scherzt Skipper Philippe.

Die Robben hätte er dabei fast vergessen. Nach dem Landgang auf die Île aus Moines umschifft die »Ar Jentilez« ein Felschaos, das bei Ebbe einer Robbenkolonie als Sonnenbank dient. Kameras klicken, Ferngläser gehen von Hand zu Hand. Die Tiere scheinen von der Aufregung an Bord keinerlei Notiz zu nehmen und dösen munter weiter. Robbe auf dem Archipel des Sept Îles möchte man sein.

INFO

BIRDWATCHING-BOOTSTOUR

Ausflüge zum Archipel des Sept Îles werden von mehreren Veranstaltern angeboten, mit (unbedingt!) und ohne Zwischenstopp auf der l'Île aux Moines. Sehr erlebnisreich ist der Halb- oder Tagestörn auf dem historischen Segelschiff »Sant C'hireg« ab Perros-Guirec oder Trégastel (max. 24 Personen).
santguirec.com

ÎLE GRANDE

Auf der durch einen Fahrdamm mit dem Festland verbundenen Granitinsel vor Pleumeur-Boudou (auf halber Strecke zwischen Trebeurden und Trégastel) unterhält die Ligue de Protection des Oiseaux (die französische Vogelschutzliga, kurz LPO) eine Beobachtungsstation mit einer Dauerausstellung zum nahen Archipel des Sept Îles. Im Hochsommer werden Birdwatching-Ausflüge zum Archipel des Sept Îles und anderen Küstenschutzgebieten angeboten.
sept-iles.lpo.fr/

WEITERE INFORMATIONEN

bretagne-cotedegranitrose.com

← Basstölpel bevölkern den Archipel des Sept Îles, der bis auf ein Inselchen für Menschen gesperrt ist.
↑ Zugang erlaubt: Von der Île aux Moines schweift der Blick über den Archipel des Sept Îles.

12

CÔTE DU GRANIT ROSE

DIE BRETAGNE IST ROSAFARBEN

Rosa und Violett sind die Farben des Granits an der Côte du Granit Rose. Wind und Wetter haben die bunten Granitfelsen zu fantasieanregenden Formationen abgeschliffen. Knallblau blühender Agapanthus setzt dieses Naturwunder besonders in Szene.

Teufelsburg«, »Schildkröte«, »Napoleons Hut« heißen einige der bekanntesten Felsblöcke. In mehr als 130.000 Jahren entstand ein natürlicher Skulpturenpark, an dem der Atlantik weiterarbeitet. Von Felsen und Kiefern beschirmt, verführen kleine Buchten und weite Sandstrände zum Baden in den dank Golfstrom milden Fluten.

Wandern mit *vue sur mer*

Zwischen Perros-Guirec und Trébeurden schlägt die kapriziöse Côte du Granit Rose ihre anmutigsten Kapriolen. Wie von Riesenhand geschaffen, wirken die roten Felsformationen mal wie moderne Skulpturen, mal wie mittelalterliche Raubritterburgen. Bei Ebbe tauchen fluoreszierendgrüne Algen aus dem Wasser auf. Es blüht und sprießt aus allen Felsritzen längs des Zöllnerpfads, auf dem heute Wanderer die sinnliche Schönheit dieses Küstenabschnitts erkunden.

In Perros-Guirec schimmert das Wasser verführerisch in Südseefarben. Vom einstigen Fischerdorf blieb kaum etwas, von den verschwenderischen Tagen des Belle-Epoque-Tourismus umso mehr. Vor der Pointe du Château im Nordosten liegt der Sandstrand von Trestignel, doch an den Rang der weiten Plage de Trestraou im Westen kommt kein anderer Strand heran. Elegante 1900er-Villen verleihen dem Sandband eine Prise Dekadenz.

Der Zöllnerpfad führt von der Plage de Trestraou vorbei am Strand der Grève Saint-Pierre zur Plage de Saint-Guirec im hübschen Ortsteil Ploumanac'h. Mit dem bizarren Chaos scheinbar willkürlich ins Wasser geworfener Felsen an der Squewel-Spitze dürfte der Höhepunkt romantischer Ausblicke an der Côte du Granit Rose erreicht sein.

Komische Bräuche, komische Typen

Der Strand von Saint-Guirec bezieht seinen Namen auf einen 800 Jahre alten Bildstock zu Ehren des heiligen Guirec. Dessen originale Holzfigur steht längst woanders, da der Brauch ehehungriger Mädchen, zwecks Findung eines Gatten eine Nadel in die Nase des Heiligen zu bohren, das Standbild gehörig ramponiert hatte. Einen bizarren Tupfer in das atemberaubend schöne Panorama setzt das Märchenschloss auf der Winzinsel Costaérès, in dem um die vorletzte Jahrhundertwende der Literaturnobelpreisträger Henryk Sienkiewicz (»Quo vadis«) residierte. Heute gehört sie mit der 1892 erbauten Kitschburg dem Komiker Dieter Hallervorden – Betreten strengstens verboten.

← La Côte en Rose: Auch bei bleifarbenem Himmel macht die Rosa-Granit-Küste ihrem Namen alle Ehre.
↓ Gut behütet, lässt sich der Blick auf den Strand von Perros-Guirec sorglos genießen.

INFO

TRÉGASTEL
Der Badeort war einmal ein Fischerdorf mit haushohen rosa Felsen bis vor die Kirche. Die Strände und die Nähe zum Naturschutzgebiet der Halbinsel Renote mit dem Grand Chaos des Rochers Roses und dem breiten Toul-Drez-Strand führten dazu, dass Trégastel heute ein lebendiger Badeort ist. Wahrzeichen ist »der Würfel«, ein Granitkoloss vor dem Hafen, zu dem man bei Ebbe spazieren kann.
bretagne-rosagranitkuste.de

ZÖLLNERPFAD
Unter Napoleon wurden längs der französischen Küsten Zöllnerpfade angelegt – so auch an der Rosa-Granit-Küste. Vom »Sentier des Douaniers« konnte jede Bewegung auf See und an Land beobachtet werden. Heute erfreut er sich großer Beliebtheit als Küstenwanderweg, Kennziffer GR 34, Markierung rot-weißer Doppelbalken. Er folgt den rosafarbenen Felsformationen zwischen Trégastel und Perros-Guirec und umrundet die gesamte Bretagne.
gr-infos.com/en/gr34.htm

WEITERE INFORMATIONEN
bretagne-rosagranitkuste.de

France oblige: Dieser Segler ist farblich auf den rosa Granit und auch auf den Phare de Ploumanach abgestimmt.

13

GRANDE BRIÈRE IM LOIRE-LAND

DIE WILDEN SÜMPFE DER VÖGEL

La Grande Brière ist bis heute einer der faszinierendsten Landstriche des Pays de la Loire – und nur einen Katzensprung von Saint-Nazaire oder Guérande entfernt. Während zur Küste hin hell die Salzgärten in der Hitze flimmern, lockt landein »eine wilde Sumpflandschaft, erfüllt vom Schweigen der Menschen und dem Gesang der Vögel«.

So beschrieb Alphonse de Châteaubriant in seinem 1923 erschienenen Roman »La Brière« (»Schwarzes Land«) die zweitgrößte Moorlandschaft Frankreichs. Sie erstreckt sich bis heute auf 6700 Hektar zwischen den Mündungen von Loire und Vilaine. Um Flora und Fauna zu schützen und einen naturnahen Tourismus zu fördern, schützt seit 1970 der regionale Naturpark Parc naturel régional de la Brière auf 4000 Hektar diese faszinierend eigentümliche Landschaft.

Von den Straßen, die rund um das Moorbecken führen, ist von der Schönheit dieser Urlandschaft kaum etwas zu erkennen. Sie lässt sich nur per Boot entdecken. Kleine Schilder weisen auf die Anlegestellen hin, die sich hinter den Häusern der Weiler verstecken oder plötzlich an einer Straße auftauchen, die im Nichts zu enden scheint. Dunkelgrün oder schwarz gestrichen, warten dort *chalands*, schmale Boote mit Außenbordmotor, auf Ausflügler. Oder *blins*, flache Kähne, mit denen die Fährleute die Besucher mit einer langen Stange durch den Kanal staken. Bootsfahren durch die Sümpfe der Grande Brière starten u. a. an den Anlegestellen Saint-Lyphard, Saint-André-des-Eaux, Bréca, Pierre Fendue, La Chaussée Neuve, Rozé und Belle Fontaine.

Doch seitdem der Torf nicht mehr regelmäßig gestochen, das Schilf nicht mehr geschnitten wird, drohen die Moor- und Wasserflächen, die nirgends tiefer als 70 Zentimeter sind, auszutrocknen. Die ersten traditionellen Verbindungswege sind bereits völlig zugewuchert. In den alten Dörfern der Torfstecher verdrängen moderne Eigenheime die reetgedeckten, weiß getünchten *chaumières* mit ihren farbigen Fenstern und Türen, und statt ins Moor fahren die Brièrons heute zur Arbeit bis nach Nantes.

Die große Runde durch die Brière

Eine 85 Kilometer lange markierte Rundfahrt beginnt im Südosten und führt im großen Kreis gegen den Uhrzeigersinn einmal um das Sumpfgebiet. Aufgrund der Nähe zur Guérande-Halbinsel ist der touristische Druck im Westen des Parks deutlich höher als im Osten. Ein guter Ausgangspunkt ist Kerhinet mit seiner Maison du Parc, dem Besucher- und Info-Zentrums des Naturschutzgebietes. Kerhinet ist nahezu autofrei und das große Dorf ein charmantes Museum unter freiem Himmel, deren 18 *chaumières* ein Themenpfad mit zwölf Stationen vorstellt. Den besten Aussichtspunkt über die Brière bietet Saint-Lyphard mit seiner

← Mit flachen schwarzen Kähnen geht es auf geführten Touren durch die amphibische Landschaft der Brière.

Kirche: 135 Stufen führen hinauf zum Weitblick über die Sümpfe und Marschen. Den Handel an der Salzstraße kontrollierte einst das Château de Ranrouët, eine Burg aus dem 13. Jahrhundert, vor deren Bergfried und Mauern im Sommer dienstagabends ein Nachtmarkt stattfindet.

Der größte Ort der Grande Brière liegt im östlichen Teil des Naturparks: Saint-Joachim mit rund 4100 Einwohnern. Zu ihm gehören acht »Inseln«, deren Siedlungskern stets ein Wasserring schützte. Schönste dieser Inseln ist Île de Fédrun, wo einst Frauen Wachsblumen für den traditionellen Brautschmuck anfertigten. Im »Haus der Braut« (*Maison de la Mariée*; Haus Nr. 130) von Île de Fédrun ist eine originelle Brautschmucksammlung zu sehen. 200 Wachsblumen sind dort ausgestellt – das Gros davon sind Orangenblüten.

Erhalten ist in Île de Fédrun auch noch die traditionell runde Anlage eines Brière-Dorfes. Dazu gehören stets die typischen *chaumières*, meist weiß gekalkte Katen, zu beiden Seiten der Straße. 800 dieser Reetdachkaten sind in der Grande Brière noch erhalten – und besonders zahlreich und schön in Kerhinet. In Île de Fédrun zeigt die Chaumière Briéronne eine kleine Ausstellung zu den »Inseln« der östlichen Brière. Ein historischer Film verrät, wie dort 1947 das Leben verlief. Die Reetdachkaten verdecken den Blick auf die *levée*, die Obst- und Gemüsegärten, die an den Kanal stoßen. Jedes Haus hat an der *curée*, die die Inseln ringförmig umschließt, seinen eigenen Bootssteg. Das vor Überschwemmungen geschützte Ackerland im Inneren der Insel heißt *gagnerie*.

Im Naturschutzgebiet Pierre Constant

Dank seiner Lage am Brivet, dem letzten Nebenfluss der Loire, war Rozé jahrhundertelang ein wichtiges Bindeglied zwischen den Sümpfen und der Loire-Mündung. Hier wurden Holzschiffe gebaut und die Produkte der Sümpfe verschifft. Heute lockt Rozé mit einer digitalen Ballade, der »Immersion Brière« im Naturschutzgebiet Pierre Constant. Ein 1,5 Kilometer langer Rundweg erschließt es. Je nach Tages- und Jahreszeit lassen sich dort Enten und Blaukehlchen, Reiher, Löffler, Sumpfammern und zahlreiche Zugvögel beobachten.

Der 24 Meter hohe Aussichtspunkt von Rozé eröffnet einen Panoramablick auf die Sümpfe der Brière, am Anleger starten Kahnfahrten in die amphibische Landschaft ringsum, und auch auf dem neuen Radweg geht's tiefer hinein in die Brière – oder zurück zum Strand von Saint-Nazaire.

↖ *Chaumières*, reetgedeckte Katen, prägen die Architektur von Kerhinet.
← Eine eindrucksvolle Ruine: das Château de Ranrouët
↗ 140 Kilometer lang ist das Netzwerk der Kanäle in der Brière – und bis heute im Alltag ein wichtiges Verkehrsnetz.

INFO

WANDERLAND!

Fast jeder Ort in der Brière hat eigene Wanderwege angelegt, die hinaus in die Natur führen – kurze Lehrpfade, Halbtages- und Tagestouren. Mindestens drei Tage sollte man für die »GR de Pays Tour de Brière« einplanen, die 68 Kilometer lange, gelb-rot markierte Wanderrunde durch die Brière, die sich auch per Rad oder Pferd erleben lässt. Drei Tage wird man an Wiesen entlangwandern, Kanäle überqueren, von Weitem die Weite der Schilfgürtel erblicken, Dörfer und Häfen durchqueren, Stille und Weite spüren – und immer wieder die Stimmen der Natur.
decouverte-parc-naturel-briere.fr

VÖGEL DER BRIÈRE

Mit ihren Torfmooren und Kanälen, Überschwemmungswiesen und Schilfgürteln ist die Brière ein wichtiges Rückzugsgebiet für Vögel. Aufgrund ihrer Artenvielfalt als Ramsar-Gebiet anerkannt, gehört sie zu den bemerkenswertesten Feuchtgebieten unseres Planeten. Im Herbst bahnen sich Zugvögel hier ihren Weg; und je kälter es wird, desto mehr Vögel lassen sich beobachten. Im Frühling folgen Vogelkonzerte – etwa vom Blaukehlchen von Nantes, einem kleinen ornithologischen Schatz der Brière. Und eine Besonderheit des Sommers ist der Seggenrohrsänger, der in Europa vom Aussterben bedroht ist.

Auch zu Fuß oder per Rad lässt sich die Brière bestens entdecken!

14

CORNICHE VENDÉENNE

IM RAUSCH DER BRANDUNG

Nur drei Kilometer lang ist sie, die Corniche Vendéenne an der Côte de Lumière, der »Küste des Lichts« – doch wie wild zeigt sich das Land an der Küstenstraße zwischen Saint-Gilles-Croix-de-Vie und dem Sion-Viertel von Saint-Hilaire-de-Riez! Die Atlantikküste der Vendée – Buchten und Felsen im Rausch der Brandung.

Die Corniche Vendéenne ist der einzige verbliebene Teil der ehemaligen Île de Rié. Im Laufe der Jahrhunderte wurde der Meeresarm, der das Festland von dieser ehemaligen Insel trennte, aufgefüllt mit Ablagerungen: Muscheln, Sand, Treibgut und mehr. Die Insel wurde Festland, ihre einstige Westküste zur heutigen Corniche. Seit 1926 steht sie von der Anse de la Goutaille bis zur Pelle à Porteau unter Naturschutz.

Die Corniche Vendéenne beginnt in Frankreichs Sardinenhauptstadt Saint-Gilles-Croix-de-Vie am Ufer der Vie. Der kurze Küstenfluss Vie entspringt rund 35 Kilometer östlich in Saint-Prouant, schlängelt sich durch Wiesen und Weiden, bewässert Salzgärten, strömt am Fischereihafen mit seinen Trawlern und Kuttern vorbei – und ergießt sich, links und rechts von Stränden gesäumt, in den Atlantik. Sein rechtes Ufer säumt der erste Strand der Corniche Vendéenne: die Plage de Boisvinet mit ihren nostalgischen Sommervillen, charmanten kleinen Ferienhäusern der Belle Époque mit Holzschnitzereien, fantasievollen Namen, Stockrosen im Garten und bunten Fensterläden und Türen.

Über die Mündung der Vie sendet der Phare de la Garenne, der Leuchtturm am Ende der Mole von Saint-Gilles-Croix-de-Vie, sein Licht. Höher und heller ist das des Phare de Grosse Terre auf der südlichsten Landspitze der Corniche. Dort ruht ein »Bär« im Meer: der Pilours. Der heutige Name des länglichen Felsens ist eine Verballhornung des früheren Namens »Perrourse« – von *petra* (Stein) und *oursse* (Klippe).

Teufelswerk?

Weiter gen Norden hat das Meer eine Höhle in die Küste gefräst: das Trou du diable. Die Legende besagt, dass der Teufel an dieser Stelle der Klippe aus Verdruss über seinen verlorenen Handel mit Saint Martin einen Fersenschlag versetzt hat. Eine andere Version behauptet, dass der Teufel in dieser Höhle gefangen gehalten und von fünf Mönchen bewacht worden sei … Diese Höhle wird auch »Teufelskessel« genannt, weil das Wasser darin wie in einem Kessel brodelt und ein Schieferbogen, der den Henkel darstellt, über sie hinwegführt. Die Corniche Vendéenne endet in Sion an fünf Felsen, die dem Ozean zugewandt sind. Es sind die Cinq Pineaux (vom keltischen *pen* für »Kopf«). Sie werden auch die fünf Mönche genannt, weil sie – siehe oben – angeblich den Teufel bewachen, der in der Nähe eingesperrt ist …

INFO

DAS WEISSE GOLD

In länglichen Bassins spiegeln sich die Wolken auf dem flachen Wasser. Dann wieder sind die Becken in dunkles Rosa getaucht, tanzen die Sonnenstrahlen über glitzerndes Weiß. Ein Hauch von Moder mischt sich in den Duft des Salzes. Flirrende Hitze taucht die *marais salants* in unwirkliches Licht. Im Hinterland der Corniche Vendéenne bewahren die Salzbauern von Saint-Hilaire-de-Riez ein bäuerliches Erbe, das bis in die Antike zurückreicht. Eine der Anlagen hat die Kommune als lebendiges Salzmuseum für Besucher geöffnet. In den Marais Salants de la Vie verraten Führungen, wie aus Meerwasser und Sonnenwärme das weiße Gold des Mittelalters gewonnen wird – und welche Tiere und Pflanzen in einem derart salzigen Milieu überleben. 333 Gramm pro Liter beträgt der Salzgehalt im letzten der vielen Becken!
sainthilairederiez.fr/les-marais-salants-de-la-vie

← Die Felsformation der Cinq Pineaux wird auch »Die fünf Mönche« genannt.
↑ Der Phare de la Garenne – der große Leuchtturm am Ende der Mole von Saint-Gilles-Croix-de-Vie

Die Cascade des Tufs ist einer der Höhepunkte auf der Wanderung ins Blindtal von Les Planches.

DER OSTEN

Wasser, Wälder, Wiesen sind der Reichtum des Ostens. Überall sprudelt, gurgelt, plätschert es. Entsprechend kraftstrotzend ist die Natur.

15

GRAND RIED

IM ELSÄSSISCHEN GEMÜSESUMPF

Le Grand Ried heißt die fruchtbare Schwemmebene zwischen Rhein und Vogesensockel. Es ist eine amphibische Landschaft mit Bächen, Quelltöpfen, Flüssen, mit im Wind wogendem Schilf, das dem Ried den Namen gab. Sprachwissenschaftler verweisen auf das alemannische »rieth« für Schilfrohr oder Sumpf.

Schwalben schwirren über das Wasser, auf Federfühlung mit dem flüssigen Silber der Ill. Am Ufer glänzt die schwarze Erde wie eine fette Creme. Meine Arme und Beine fühlen sich klamm an. Trotz Fleecejacke ist die morgendliche Kühle unter die Schwimmweste gekrochen.

Nur einer schwitzt, und der heißt Patrick Unterstock alias *le batelier du Ried*. Patrick steht am hinteren Ende des Boots: Ein letzter Kraftakt mit dem langen Steuerstab, und der flache Nachen, den der 49-jährige Steuermann selbst zusammengezimmert hat, gleitet um eine enge Ill-Schleife. Patrick zeigt zu den beiden Zwiebeltürmen einer Kirche, die über den Trauerweiden auftauchen: Ende einer Bootstour, die im Rieddorf Ehnwihr begann und vor der barocken Abtei Ebersmunster endet.

Gebaut hat die fürs Elsass ungewöhnliche Klosterkirche 1719 bis 1727 Peter Thumb, der Baumeister, der für die Kirchen von Birnau am Bodensee oder Sankt Peter im Schwarzwald gezeichnet hat. Im Schatten der barocken Pracht duckt sich ein Gasthof: Das Aux deux Clefs punktet mit der besten *matelote* zwischen Straßburg und Colmar. Den Fischtopf verfeinert Patron Alexandre Baur mit Silvaner. Der erste Gang kommt mit Aal und Zander sowie hausgemachten Spätzle auf den Tisch. Das Fleisch ist fest und zart zugleich, wie auch beim zweiten Gang, zu dem Hecht und Schleie gehören.

Tageslichtscheue Biber, stolze Störche

Zeit für eine kurze Bestandsaufnahme: Den Biber haben wir nicht gesehen. Unsere Enttäuschung hält sich in Grenzen. »Es gibt immer noch nicht sehr viele Exemplare seit der Wiedereinführung im Grand Ried«, hatte uns Patrick bei der Abfahrt gewarnt. Außerdem sind Biber nachtaktiv – die Aussichten, den Nager am helllichten Vormittag zu Gesicht zu bekommen, folglich gering. Dafür stemmten sich an der Illbrücke, wo Patrick uns in sein Boot gepackt hat, Forellen gegen die Strömung. So glasklar floss das Wasser, dass man die Kieselsteine unter den übermütig tänzelnden Leibern hätte zählen können. Unterwegs versenkten Wildschwäne beleidigt ihre langen Hälse ins Wasser.

Gelassener nahm's der Storch. Ein kurzer Blick, dann stocherte Meister Adebar weiter in der Feuchtwiese. Wenn es in der Entengrütze rumorte, wusste Patrick, warum: Mal mühte sich eine schwarz-weiße Reiherente durch den neongrünen Teppich. Mal schlug ein dicker Karpfen Wellen. Wenn gerade nichts passierte, erklärte Patrick frohgemut das System sogenannter Bibernestschleusen, mit denen die Seitenzuflüsse der Ill geregelt werden. Oder er

→ Die mächtige Tour de l'Horloge von Sélestat kündet vom Reichtum der Gemüsemetropole.

← Das Grand Ried ist eine amphibische Landschaft, in der fester Boden selten ist.
↙ Als ob wir es nicht geahnt hätten: Der Storch baut sein Nest gern im Grand Ried.
↘ Frühling im Grand Ried: Die ersten Blätter sprießen, und die Frösche sind vermutlich nicht zu überhören.

zeigte uns beim zweistündigen Dahintreiben immer illabwärts längst vergessene Apfelsorten wie die Pomme de Noël, die feuerrot in einem verwilderten Garten hing.

Das Grand Ried ist zwischen Frühling und Herbst immer einen Besuch wert. Im Sommer stakst die krummschnabelige Brachschnepfe, der Symbolvogel des Grand Ried, durch die Blütenteppiche, die zwischen den Frühjahrs- und Herbstüberschwemmungen aus den Wiesen schießen. Im Herbst legt sich eine sanfte Melancholie übers Land. Der Himmel über den Kohlfeldern wiegt schwerer als anderswo im Elsass. Aus dem Illwald vor den Toren von Sélestat röhren die Hirsche. In den Restaurants stehen neben der *matelote* auch Fasan und Rehrücken auf der Karte. *Bon appétit!*

Auf zum Dienstagsmarkt nach Sélestat

Arm ist das Ried nicht. Man braucht nur am Dienstag nach Sélestat auf den Markt zu fahren. Berge von Kohlköpfen, Äpfeln, Kartoffeln, Lauch, und Salat haben die Bauern aus dem Ried in der Altstadt aufgeschichtet, so hoch und farbenfroh wie die Turmsilhouette von Sélestat mit ihren bunt lasierten Ziegeldächern und roten Kirchen. Die Hauptstadt des Grand Ried blieb über die Jahrhunderte von Krieg und Zerstörung weitgehend verschont. Als Besucher genießt man das Glück, ein städtebauliches Juwel vorzufinden, dem die Bedeutung als Marktplatz einen gehörigen Schuss Bodenständigkeit hinzufügt. Der Wochenmarkt wird immerhin seit 1435 abgehalten, als aus dem einst merowingischen »Scladistat« – Ort in den Sümpfen – eine Wiege des rheinischen Humanismus erwachsen war. Nicht viel jünger ist Sélestats ehrwürdige, im Mittelalter gegründete Genossenschaft der Gemüsebauern.

Gefühlt fast genauso lange gibt es die Auberge de L'Ill in Illhaeusern, zumindest für gastronomische Verhältnisse. Seit über 70 Jahren leuchten die Michelin-Sterne über dem Restaurant an der Illbrücke. Davon unbeeindruckt geht das Leben in Illhaeusern seinen Gang. An den Trauerweiden auf der Gartenseite der Auberge de l'Ill flutschen Dorfkinder auf prall aufgeblasenen Lastwagenschläuchen den Fluss herunter.

Marc Haeberlin, der seinem Vater Paul in der Küche gefolgt ist, wollte eigentlich Förster werden. Es kam anders. »Ich bin einfach in die Küche hineingewachsen«, erklärt Marc bescheiden. Zur Straßenseite öffnet sich die Küche mit einem Bogenfenster zum Pfarrhaus. Marc kocht quasi unter den Augen des Pfarrers. Selbstverständlich göttlich.

Eine Schlaglochpiste führt vom Weiler Krafft in die Auwälder der Réserve naturelle d'Erstein. Haubentaucher, Höckerschwan, Krickente und Blässhuhn tummeln sich auf dem Wasser, das vom Rhein für das Wasserkraftwerk von Straßburg aufgestaut wird. Hinter dem Deich fühlt man sich ein wenig wie am Ende der Welt. Dabei ist am Rhein nur das Elsass *fini*.

INFO

MUSÉE WÜRTH

Das dreizehnte Würth-Museum ist ein architektonischer Glücksfall für das Grand Ried. Das Lyoner Architektenduo Jacques und Clément Vergély schuf einen minimalistischen Bau mit der Anmutung eines antiken Tempels. Von der zweiten Etage des linken Seitenschiffs fällt der Blick auf den Vogesenkamm und den Skulpturenpark, der das Museum mit dem Firmensitz verbindet. Im Bau werden in Wechselausstellungen Werke aus der Sammlung moderner und zeitgenössischer Kunst des Unternehmers Reinhold Würth gezeigt.
musee-wurth.fr

MIT DER BARKE DURCHS GRAND RIED

Klassisches Fortbewegungsmittel auf den Wasserwegen ist eine flache Holzbarke. In Muttersholtz bietet Patrick Unterstock dreistündige Ill-Abfahrten für maximal 14 Personen an. Unterwegs erklärt der batelier du Ried alles zu Fauna und Flora des Biotops. Ebenfalls mit der Barke, aber diesmal durch den Rhein-Urwald auf der Ile de Rhinau im Osten des Grand Ried, schiffen Christian Meyer und seine Kollegen die Besucher des amphibischen Naturschutzgebiets.
batelier-ried.com, grandried.fr

WEITERE INFORMATIONEN

selestat-haut-koenigsbourg.com

Mit dem Nachen kommt man im Grand Ried noch in den entlegensten Winkel.

16

MONTHERMÉ

DIE VERSTEINERTEN HAIMON-SÖHNE

Nördlich von Charleville-Mézières windet sich die Maas, auf Französisch Meuse, zwischen Givet und Sedan in vielen Mäandern durch die Felsen und Wälder der Ardennen. Atemberaubende Ausblicke auf ihre eindrucksvollste Flussschleife eröffnet ein sechs Kilometer langer Wanderweg zum Felschaos von Monthermé.

Die Wanderroute verbindet im Hangwald des Maasufers die beiden markanten Felsen La Longue Roche und La Roche à Sept Heures. Der »7-Uhr-Fels« verrät seine Besonderheit mit seinem Namen. Um sieben Uhr früh und sieben Uhr abends bescheint ihn die Sonne. Wer weiter wandert, entdeckt immer neue, bizarr geformte Steinkolosse, die Legenden und Märchen inspirierten. Der wild aufeinandergestapelte Roc de la Tour soll der Sage nach der letzte Überrest einer Burg sein, die der Teufel für einen verliebten Grafen bauen wollte. Da er jedoch sein Werk nicht vollenden konnte, zerstörte er es. Voller Trauer lehnt sich der um sein Schloss betrogene Graf wie versteinert an die Ruine. Direkt zum Roc de la Tour führt ein vier Kilometer langer Rundweg mit gelber Beschilderung.

Das Felsgewirr der 4 Fils Aymon zitiert eine Heldensaga aus der Karolingerzeit. Ihre Helden sind die vier Söhne des Grafen Haimon von der Dordogne und seiner Frau Aja: Renaut, Allart, Guichart und Richart. Als Kaiser Karl der Große ihren Onkel heimtückisch ermorden lässt, lehnen sich die vier gegen ihn auf. Karl der Große begegnet ihrem Zorn, indem er die Söhne zu Rittern schlägt. Am Nachmittag desselben Tages beleidigt Bertholet, der Neffe des Kaisers, Haimons Sohn Renaut, woraufhin dieser ihn ermordet und ihm den Kopf abschlägt. Karl der Große ist außer sich vor Wut. Die Brüder müssen fliehen. Auf dem Riesenpferd Bayard springen sie in Monthermé über die Maas. Unten in der Stadt erinnert ein Denkmal an das Ereignis, oben im Wald stehen die Brüder als steinerne Wächter.

Fast noch schöner als im Sommer ist die Wanderung im Winter, wenn die Bäume kein Laub tragen. Dann sind die Blicke auf die Maas häufiger, weiter und offener. Die herbe Schönheit der reduzierten Farben trägt viel zum mythischen Zauber dieser Landschaft bei.

La »Route des Légendes«

Die Ardennen sind ein Land der Legenden. Jeder Stein erzählt eine Geschichte, jedes Tal, der Wald ist bevölkert von Feen, Zwergen und anderen imaginären Wesen. Ihren Spuren folgt eine 450 Kilometer lange Themenroute mit 13 Etappen. Den Auftakt bildet Laifour, wo die Maas ein tiefes Tal gegraben hat und am linken Ufer Les Dames de Meuse von einem schrecklichen Ereignis berichten: Im Jahr 1080 heirateten drei Ritter des örtlichen Herrschers die drei schönsten Töchter des Grafen von Rethel: Hodierne, Berthe und Ige. Ihr Glück währte nicht lange, denn der erste Kreuzzug begann. Schließlich wurde den Schwestern das Warten zu lang. An dem Tag, an dem Godefroy de Bouillon und seine Getreuen Jerusalem eroberten, betrogen sie ihre Ehemänner mit drei Rittern aus Hierges. Zur Strafe verwandelte der *Seigneur* die drei Ehebrecherinnen in Felsen. Die Route endet in Les Vieilles Forges, wo der Lac des Vieilles Forges im Herzen eines großen Waldes glitzert. Badepause!

INFO

MUSÉE DU SABOT

Napoleons Grande Armée erlebte nicht nur Ruhm und Abenteuer, sondern auch viel Leid. Etliche Soldaten desertierten – und versteckten sich in den ausgedehnten Wäldern der Ardennen. Ihr neues Leben finanzierten sie mit einem neuen Beruf: Im belgischen Porcheresse und den umliegenden Dörfern arbeiteten sie als Holzschuhmacher. Davon erzählt seit 1982 das dortige Musée du Sabot. Und präsentiert eine bunte Sammlung von Holzschuhen.
museedusabot.jimdofree.com

WEITERE INFORMATIONEN

visitardenne.com/fr/les-routes-touristiques/route-des-legendes

← Einer der schönsten Abschnitte an der Maas: die Flussschleife bei Monthermé
↑ Malerisch: das Städtchen Monthermé an der Maas (frz. Meuse)

HÖHLEN UND GROTTEN

FRANKREICHS WILDE UNTERWELT

Unter Tage zeigt Frankreich ein faszinierend anderes Gesicht: von den Bergbaustollen des Bassin minier über Wunderwelten im Karst bis zu den Höhlen der großen Jäger, die in Südfrankreich Felswände mit faszinierenden Szenen aus der Vorzeit verzierten: *la France souterraine* – ein echtes Abenteuer!

In fast allen Regionen gibt es Höhlen und Grotten, wenn auch die Konzentration in einigen Gebieten höher ist als in anderen. Vor allem dort, wo die Urmeere, die einst das Land bedeckten, kilometerdicke Sedimente aus Kalk und Kreide hinterließen, ist das Land durchlöchert von Karstlabyrinthen, Gouffres und Avens, unterirdischen Flüssen und Höhlen mit prähistorischer Kunst.

In den Pyrenäen waren es mächtige Gletscher, die im Granit und Kalk ausgedehnte Labyrinthe mit mehreren Etagen geschaffen haben. In diesen tiefen Höhlen haben die ersten Menschen ihre Spuren hinterlassen: Skelette, Werkzeug, Schmuck – und beeindruckende Höhlenmalereien. In den Pyrenäen von Ariège lassen sie sich in der Grotte de Bédeilhac, in Lombrives, am Mas d'Azil und in Niaux bewundern, der größten Bilderhöhle Europas neben der Höhle von Lascaux an der Dordogne.

»Tal der tausend Höhlen« wird das Vallée de la Dordogne gerne genannt – ein Titel, den auch das benachbarte Vézère-Tal verdient hätte. In der Grotte de Presque erhebt sich der höchste Stalagmit Europas, in Lacave rattert ein Zug durch das unterirdische Tropfsteinlabyrinth. Im Département Lot birgt die Grotte de Pech Merle eine Galerie prähistorischer

← Die Höhle von Niaux ist für ihre prähistorischen Felszeichnungen von Bisons berühmt und gehört zum UNESCO-Welterbe.
↙ Zwischen Souillac und Rocamadour versteckten sich die Höhlen von Lacave.
↓ Der Gouffre von Padirac entstand durch einen unterirdischen Fluss, der sich tief in die verkarsteten Kalke der Causses de Gramat eingegraben hat.

Kunst, die mehr als 25.000 Jahre alt ist. Dort, nur zehn Kilometer von Rocamadour entfernt, öffnet auch der Gouffre de Padirac seinen kreisrunden Schlund. Eine Treppe und ein Aufzug führen 103 Meter hinunter zu einem Boot, das zu einer einstündigen Fahrt durch einen Teil der insgesamt 40 Kilometer langen Gänge ablegt.

Speläotheme und Steinzeitkunst

Höhlen, die durch Einsturz ihr Dach verloren haben und senkrecht betreten werden, heißen in Frankreich »Aven«. Der Aven Armand bei Meyrueis im Département Lozère ist berühmt für seine Salle de la Verna. Mit atemberaubenden 100 Meter Höhe ist sie eine der größten unterirdischen Höhlen der Welt, die der Öffentlichkeit zugänglich ist. Die meistbesuchte vertikale Höhle ist jedoch der Aven d'Orgnac im Département Ardèche. In den Schluchten der Ardèche lebten die Jäger und Sammler der Vorzeit und hinterließen in der Grotte Chauvet mit Kohle und Rötel Bisons und Bären – eine »Sixtinische Kapelle der Steinzeit« (s. auch Seite 117 ff.). Östlich der Rhône setzt sich die Höhlenwelt im Kalkstein des Vercors fort. Die dortigen Höhlen sind seit Jahrtausenden versteckte Schutzräume; Hugenotten wie auch die Mitglieder der Résistance fanden dort Zuflucht.

Schippern unter Tage

Kalksteinfalten und Klusen prägen das Massiv von Plantaurel. Es durchzieht das gesamte Département Ariège und schwingt sich beim Pic de l'Aspre in der Gemeinde Soula auf 1011 Meter auf. 900.000 Jahre lang haben dort die Wasserläufe Labouiche und Fajal ein Wunderland aus Tropfstein geschaffen. Seit 1938 führen die Guides de la Rivière Souterraine de Labouiche hindurch – nicht zu Fuß, sondern bei einer Bootsfahrt auf dem längsten unterirdischen Fluss Frankreichs. Anderthalb Stunden dauert der Törn unter Tage. Strahler setzen besonders schön Stalaktiten und Stalagmiten in Szene. Manche Steine erinnern an Tiere, andere an exotische Blumen. Mit etwas Fantasie lässt sich sogar das Antlitz einer Hexe erkennen.1,5 Kilometer lang zieht der Führer den schmalen Kahn an Stahlseilen entlang. Plötzlich wird das Rauschen lauter: Ein unterirdischer Wasserfall stürzt tosend über glatt polierten Stein in den Höhlensee (labouiche.com).

Buntes Licht illuminiert fantasievoll die faszinierende Tropfsteinwelt der Höhle Aven Armand auf dem Causse Méjean.

17

CIRQUES UND RECULÉES DES JURA

WASSER UND WALD

Die *cirques* (Talkessel) und *reculées* (Blindtäler) des Jura bilden eine einzigartige Landschaft. Überall gurgeln Quellen, bahnen sich Flüsse ihren Weg. Der Name des Jura geht auf das keltische *jor* zurück. Es bedeutet Wald. Alles zusammen verbindet ein Ausflug in die Reculée des Planches bei Arbois.

Arbois hat sich sein Festtagskleid angelegt. Rund um die mit Girlanden geschmückte Place de la Liberté flattern bunte Wimpel, mit denen auf den sommerlichen Festreigen in der Hauptstadt der Côtes-du-Jura hingewiesen wird. Wer bis dahin nicht warten kann, sollte sich wenigstens die Zeit für einen Besuch der Pâtisserie Hirsinger nehmen und für die Tour in die Réculée des Planches etwas Proviant in Form von *chocolats vivants* einkaufen. Für die »lebendigen Schokoladen« verwendet Chocolatier Édouard Hirsinger nur lokale Produkte. Milch und Butter vom Jura-Hof seines Vertrauens. Brombeeren aus den Wäldern des Jura. Salz aus Salins-les-Bains. Die Schokoladen sind zudem vor allem eins: bio und bitter.

Es geht gleich hinter dem Ortsschild steil hoch. Der Fernwanderweg GR 59, der über ein Waldplateau oberhalb der Reculée des Planches verläuft, steigt über Steinstufen zu einer Kapelle hoch. Noch ein paar Schritte höher erlaubt der Belvédère de l'Ermitage einen vorerst letzten Blick auf das Winzerstädtchen und die Weinberge an den Hängen der Cuisance. Der Wald wird dichter. Eine zu Ehren von Napoleon 1811 gepflanzte Buchenallee heißt Allée du Roi de Rome und lädt zum gemächlichen Schreiten ein. Ab und zu öffnet sich das Laubdach und lässt einen Blick auf das in der Talsohle kauernde Dorf Les Planches-près-Arbois zu, das der Reculée des Planches den Namen gab.

Ganz großes Landschaftskino

Plötzlich macht der Wald den Vorhang weit auf. Vom Belvédère über dem Scheitelpunkt des Blindtals stürzt der Blick in den Cirque du Fer à Cheval, dessen hufeisenförmiges Felshalbrund die Reculée abschließt, und saust im Tiefflug weiter durch das Blindtal bis nach Arbois. Mehr großes Landschaftskino geht kaum.

Von nun an geht's bergab. Wasser rauscht. Die Cuisance, die am Fuß des Cirque entspringt, führt über den Tufffelsen der Cascade des Tufs einen Schleiertanz auf. In den Becken unter dem Wasserfall leuchtet das Wasser smaragdgrün und türkis. Es ist genau das richtige Plätzchen, um mit ein paar Riegeln von Monsieur Hirsingers *chocolats vivants* der Kondition einen Schub zu versetzen. Die Stärkung kommt zur rechten Zeit, denn es geht noch einmal stramm bergauf. Hinter der Kirche von Les Planches-près-Arbois schraubt sich der GR 59 auf die östliche Hangkante der Reculée des Planches hoch. Oben angekommen, schlägt der Weg einen weiten Bogen zurück nach Arbois – geschafft!

← Friedlich plätschert die Cuisance über die Sinterterrassen der Cascade des Tufs.
↓ Die Abtei von Baume-les-Messieurs versteckt sich im gleichnamigen Talkessel.

INFO

CASCADES DE L'HÉRISSON
Östlich vom Start in Menétrux-en-Joue stürzt sich der Hérisson auf nur knapp vier Kilometern 31-mal in die Tiefe. Macht ebenso viele Wasserfälle, mit denen der Fluss stolze 280 Höhenmeter überwindet. L'Éventail, »der Fächer«, heißt die in Stufen herunterrieselnde, mit 65 Metern höchste *cascade*. Unweit davon informiert die Maison des Cascades über das Naturwunder.
cascades-du-herisson.fr

CIRQUE DE BAUMES-LES-MESSIEURS
Das Dorf im Talkessel zählt zum Kreis der »schönsten Dörfer Frankreichs«: Eine reich ausgestattete Abtei, eine Grotte, durch die sich ein unterirdischer Fluss schuftet, ein Tuffsteinwasserfall mit matratzendicken Moospolstern und das Blindtal des Dard rechtfertigen den Titel.
baumelesmessieurs.fr

WEITERE INFORMATIONEN
montagnes-du-jura.fr

18

SAUT UND GORGES DU DOUBS

EINE SCHLUCHT VON EINER GRENZE

Zwischen Villers-le-Lac und Goumois bilden die 35 Kilometer langen Gorges du Doubs eine natürliche Grenze zur Schweiz. Der Fernwanderweg GR 5 folgt der Schlucht auf gesamter Länge. Die Berner Alpen erblickt jedoch nur, wer aus der Tiefe der Schlucht einen der *belvédères* erklimmt.

Start ist am Saut du Doubs, dem »Niagarafall des Jura«, wo der Fluss mit ohrenbetäubendem Getöse aus 27 Meter Höhe in ein brodelndes Bassin donnert. Ausflugsboote aus Villers-le-Lac und dem schweizerischen Les Brenets spucken von Frühjahr bis Herbst etwas oberhalb des meistbesuchten Wasserfalls regelmäßig Besucher aus.

Wer zeitig genug dran ist, hat den Saut du Doubs allerdings allein. Ein paar Schritte vom Anleger der Boote entfernt macht sich der Wasserfall mit ohrenbetäubendem Getöse bemerkbar und springt tatsächlich in die Tiefe, daher auch sein Name – *le saut* bedeutet »der Sprung«. Der aber ist so spektakulär, dass das französische Umweltministerium den Wasserfall zum »Grand Site de France« erklärt hat, zu einer der 20 großen Naturstätten Frankreichs. Der Weg steigt vom Sprudelschaumbad am Fuß des Saut du Doubs erst nach Norden an und verschwindet bald in der Tiefe der Schlucht. Bis zu 150 Meter hohe Kalkfelsen rahmen das Flussbett. Ein auf den Steilfels gepinseltes Schweizer Kreuz erinnert daran, dass das linke Ufer eidgenössisch ist.

Schwindelfrei ist Bedingung

Als einer unter vielen dramatischen Aussichtspunkten über der Schlucht folgt der Belvédère de la Cendrée. Hin gelangt man entweder über einen steilen Pfad auf Höhe des Barrage du Refrain (Staustufe) oder über die Échelles de la Mort, die noch steiler aus der Tiefe der Gorges du Doubs an die Kante der Schlucht hochführen. Achtung, die am Steilfels fixierten Stahlkonstruktionen der »Todesleitern« setzen Schwindelfreiheit voraus. Oben angekommen, ist der sich ungehalten in seinem Felsbett windende Doubs nur noch als leises Murmeln zu vernehmen. Umso krachender ist die Aussicht vom Lattenzaun an der Hangkante: Am Horizont machen sich die Majestäten der Berner Alpen, Eiger, Mönch, Jungfrau, wichtig.

Die Gorges du Doubs sind Teil des 394 Kilometer langen Fernwanderwegs »La Grande Traversée du Jura« (gtj.asso.fr). Entsprechend gut ist der Weg durch die Schlucht markiert. Man folge einfach dem rot-weißen Doppelbalken des »Chemin de Grande Randonnée« GR 5. Goumois, Ziel der Schluchtenwanderung, gibt es gleich zweimal. Einmal als verbummeltes Schweizer Dorf auf dem rechten, einmal als verschlafenes französisches Dorf auf dem linken Ufer. Egal, für welche Seite man sich entscheidet, in Goumois ist Schluss mit dem wilden Doubs. An der Brücke gründeln Enten. Leise gluckert der Fluss, plötzlich ganz friedlich.

INFO

MIT DEM BOOT ZUM SAUT DU DOUBS
Elektrisch betriebene Panoramaboote tuckern vom Schweizer und französischen Ufer des Lac des Brenets, der sich aus dem Wasser des Doubs speist, bis kurz vor den »Niagarafall des Jura«. Die letzten Meter zum Bélvèdere muss man zu Fuß gehen.
vedettes-panoramiques.com, sautdudoubs.fr

WANDERN AUF FRANZÖSISCH-SCHWEIZERISCHEN SCHMUGGLERPFADEN
Die vier »Chemins de la Contrebande«, drei Wander- und ein Mountainbikeweg, erkunden in drei bis sieben Tagesetappen das französisch-schweizerische Grenzgebiet – bitte an einen Ausweis denken, denn es geht immer wieder mal über die Grenze. Mitten im Wald tauchen 200 Jahre alte Grenzsteine auf. Dann schweift der Blick von einer Kalkklippe auf die Gipfel des Berner Oberlands, und aus einer Wiese bimmeln die Kuhglocken.
lescheminsdelacontrebande.com

WEITERE INFORMATIONEN
doubs.travel

← Der Saut du Doubs gilt als Niagarafall des Jura. Laut ist der Wasserfall allemal.
↑ Bei Goumois bedecken dicke Moospolster die Bäume am Ufer des Doubs.

19

PARC NATIONAL DE FORÊTS

WIDERSTAND IM WALD

Der Parc national de forêts wurde zur Jahreswende 2019/20 eingeweiht. Vorausgegangen ist Frankreichs erster Wald-Nationalpark, der nachhaltigem Tourismus, Artenschutz und Forschung gleichermaßen gerecht werden will, ein Jahrzehnt heftigen Widerstands.

Frankreichs elfter Nationalpark erstreckt sich mit gut 240.000 Hektar über das waldreiche Plateau de Langres und damit über ein touristisches Niemandsland. Seit den Fünfzigerjahren leidet die Hochebene in nur drei Stunden Entfernung von Paris oder von der Grenze zu Deutschland unter Landflucht. Die Bevölkerungsdichte liegt bei elf Einwohnern pro Quadratkilometer – in Deutschland sind es 232 Einwohner pro Quadratkilometer. Umso erbitterter war der Widerstand gegen die in Paris erarbeiteten Pläne. Die Bevölkerung fühlte sich »von denen da oben« übergangen. Jäger erhoben ihre Stimme, Waldbesitzer stimmten in den Protest mit ein. *Fini.* Doch noch immer sind 30 Prozent der Landwirte im betroffenen Gebiet gegen den Nationalpark.

Nationalpark? Ja bitte!

Doch es gibt auch engagierte Unterstützer. Dazu zählt die ehemalige Bürgermeisterin des 130-Seelen-Dorfs Saint-Loup-sur-Aujon, die die Aktion »Ja zum Park« mitgetragen hat. Claire Colliat sieht im Nationalpark vor allem eine Aufwertung ihrer Heimat. Die 55-Jährige glaubt fest daran, dass das Projekt ihren Mitbürgern den natürlichen und kulturellen Reichtum der Region an der Schnittstelle von Burgund und der Champagne bewusst machen wird.

Mit Hérvé Parmentier fand Madame Colliat einen klugen Ansprechpartner, der die komplizierte Lage zu entschärfen wusste. Der Direktor des Groupement d'interêt public zur Vorgestaltung des Nationalparks hat von vornherein verstanden, dass die Ausbreitung über 127 Kommunen, zwei Départements und zwei Regionen die Angelegenheit nicht gerade erleichtern würde. Zehn Jahre vergingen zwischen der Ankündigung des Nationalparks durch Premierminister François Fillon 2009 und der Eröffnung. Zehn Jahre, die zu intensiven Diskussionen und Grasroots-Kampagnen wie »Ja zum Park« genutzt wurden. Zum Vergleich: Für Frankreichs zehnten Nationalpark, den Nationalpark der Calanques an der Mittelmeerküste zwischen Marseille und Cassis, waren zwölf Jahre nötig gewesen, um alle Gegenargumente aus dem Weg zu räumen. Kein schlechtes Resultat also für das Nachfolgeprojekt, den Parc national de forêts.

Lasst Wälder rauschen

Es ist der erste Nationalpark Frankreichs, der dem Wald gewidmet ist. In einer besonderen Schutzzone werden 3100 Hektar Wald völlig sich selbst überlassen. In einer 56.000 Hektar großen Kernzone, die als Art Forstlabor un-

← Fuchs oder Dachs, Wildschwein oder Reh? Welches Tier wird zuerst auf dieser Lichtung gesichtet?

berührt bleibt und in der es keine Dörfer gibt, gelten strenge Regeln. Im Randgebiet des insgesamt 241.781 Hektar umfassenden Parks wird der Schutz der bis zu 200 Jahre alten Buchen-, Eichen- und Espenwälder verstärkt, die die Hälfte des Nationalparks bedecken und dessen eigentlicher Reichtum sind. Die Dörfer und Gemeinden in dieser Adhäsionszone haben sich verpflichtet, die Charta des Nationalparks zu respektieren.

Etwa 80 Prozent der Wälder existieren bereits seit Jahrhunderten, sind jedoch keine vom Menschen unberührten Primärwälder, denn sie wurden immer genutzt. Man findet daher wenig sehr alte Bäume und kaum Totholz. Die Biodiversität ist dennoch sehr hoch. Im Frühjahr bauen Schwarzstörche nach dem knapp 6000 Kilometer langen Flug von der Küste Westafrikas ihre Nester in den Eichen. Weil der Boden felsig ist, wachsen die Bäume langsam und sind wegen der vergleichsweise dünnen Stämme und des harten Holzes für Fassmacher aus den nahen Weinbaugebieten uninteressant.

Magere Böden, fette Beute

Die mageren Böden wurden nie landwirtschaftlich intensiv bearbeitet, weswegen im Frühling weite Flächen von Maiglöckchen bedeckt sind. In Sümpfen wie denen des Marais Tuffeaux, die in der letzten Eiszeit entstanden sind, wachsen mit Lungenenzian und Alpenleinkraut Pflanzen, die ansonsten im Hochgebirge verbreitet sind. Die Vielzahl und Artenvielfalt an Vögeln, Fledermäusen, Insekten, Pilzen, Moosen im Park ist enorm. Als Emblem gilt schon jetzt der Venusschuh, die größte Orchideenart Europas. Wer die seltene Blume pflückt, riskiert bis zu 15.000 Euro Strafe.

Die 50 Millionen Bäume im Park beförderten die Idee zur Schaffung eines europäischen Zentrums für Waldstudien, in dem die Anpassung des Tieflandlaubwalds an den Klimawandel untersucht wird. Gleichzeitig ist und bleibt die Jagd eine wichtige Aktivität in der Region, sowohl als Zeitvertreib als auch als wirtschaftlicher Faktor. Die Population großer Huftiere wie Reh und Wildschwein ist so stark, dass die Jagd sogar notwendig ist, um die Schäden in der Landwirtschaft und im Wald zu reduzieren. Ein komplettes Jagdverbot im Park kam daher nie infrage.

Die Rückkehr des Wolfs, aber auch des Luchses gilt als wahrscheinlich, was für neue Konflikte sorgen könnte. Die Leitung des Nationalparks überlegt daher, Schäfer und Züchter darin zu unterstützen, ihre Herden mit Zäunen, Wachhunden und Apps, die Raubtiere melden, zu unterstützen.

↖ Einfach vor sich hinträumen. Im Parc national de forêts kann dieser Jungfuchs es sich erlauben.
← Die Orchidee Sabot de Vénus, der Venusschuh, ist das Emblem des Nationalparks.
↗ Unberührt ist die Natur am Rolampont, aber etwa auch im Vaucher-Sumpf oder im Val des Choues.

INFO

CHÂTILLON-SUR-SEINE

Die größte Gemeinde des Nationalparks liegt an der Seine. Am Rand der Altstadt entspringt die unterirdisch verlaufende Douix, ein Zufluss der Seine, aus dem Fels. Das Wasser der Karstquelle leuchtet blaugrün. Statuen, Tonscherben und Schmuck aus dem 8. Jahrhundert v. Chr. belegen, dass die Quelle in der Antike als Heiligtum verehrt wurde. Der wichtigste archäologische Fund wird im Musée du Pays Châtillonnais gezeigt: der Trésor de Vix, die Grabbeigaben einer keltischen Prinzessin. Prunkstück ist eine 208 Kilogramm schwere Bronzevase aus dem 6. Jahrhundert v. Chr.
chatillonnais-tourisme.fr, musee-vix.fr

ABBAYE DU VAL DES CHOUES

Die Zisterzienserabtei blieb von der Französischen Revolution verschont. Das Ensemble dient als Jagdmuseum. Zu sehen sind u. a. Hunderte von Trophäen.
abbayeduvaldeschoues.com

MAISON DE LA FORÊT

Das Waldbesucherzentrum in Leuglay bietet Führungen zu Themen wie Orchideen, Wildbeeren oder Trüffel an. Im Baumwipfelpark lässt sich der Wald aus der Eichhörnchenperspektive erkunden.
maison-foret.com

WEITERE INFORMATIONEN

forets-parcnational.fr

Bienvenue! Die Maison du Parc National und die Maison de la Forêt in Leuglay heißen Besucher willkommen.

20

MORVAN

REGIONALER NATURPARK IM HERZEN BURGUNDS

Sanfte Hügel, alte Wälder und weite Wiesen mit wilden Orchideen bilden die malerische Kulisse beim Wandern, Reiten oder Radfahren, die im Wechsel der Jahreszeiten ihr Kleid wechselt und einlädt, die Stille und Weite der Natur zu genießen.

Am Schnittpunkt von vier burgundischen Départements – Nièvre, Saône-et-Loire, Yonne und Côte-d'Or – liegt der Morvan, ein uraltes Massiv, zerfurcht, ursprünglich und bis heute ärmer als die umliegenden Orte. Schwarzer Berg bedeutet auf Keltisch *mor van*, und das beschreibt treffend den Anblick dieser dünn besiedelten Region, die im Zweiten Weltkrieg eine Hochburg der Résistance war. Das Musée de la Résistance in Saint-Brisson erzählt davon. Heute ist der regionale Naturpark eine Hochburg für sanfte Naturaktivitäten, vom Angeln über Mountainbiking, Reiten und Kanufahren bis hin zur Tierbeobachtung.

Der Morvan erstreckt sich auf einer Länge von etwa 70 Kilometern zwischen Quarré-les-Tombes und Saint-Léger-sous-Beuvray. Er ist etwa 40 Kilometer breit und damit einer der größten regionalen Naturparks in Frankreich. Ganz im Süden liegt sein wildester Teil, der Haut-Morvan.

»Berg der Pariser« wird der Morvan gerne genannt. Auf seinem höchsten Punkt, dem 901 Meter hohen Haut-Folin, ist noch ein alter Skilift zu sehen, den der französische Alpenverein in Zeiten vor der globalen Erwärmung installiert hat, als sich noch jeden Winter eine üppige Schneeschicht über das Massiv legte. Noch immer aber kommen fast alle französischen Weihnachtsbäume aus den Wäldern des Morvan.

Der grüne Morvan

Wer das Massiv erkundet, merkt schnell: Der 281.400 Hektar große Naturpark hat viele Gesichter. Nähert man sich ihm von Vézelay, Autun oder Saulieu, zeigt sich der Morvan als dunkler, tiefer Wald. Dichte Buchen- und Eichenhochwälder, in die sich Bergahorn, Kastanien, Birken, Hainbuchen, Douglasien und Fichten eingeschlichen haben, bedecken dieses alte, von der Erosion zerklüftete Massiv. Der Herbst ist zweifellos die schönste Jahreszeit, um die tausend Nuancen der Wälder zu bewundern. Die Nadelbäume behalten ihr dunkelgrünes Kleid, die mehrhundertjährigen Buchen färben sich elegant gelb, und die amerikanischen Roteichen glühen von orange bis rostbraun.

Der blaue Morvan

Der andere Morvan ist das Land der Flüsse und Seen, der Biber und Fischotter – und einheimischer Krebse mit weißen Beinen. Von Äschen über Groppen bis zu wunderbar wilden Bachforellen tummeln sich in der Romanée, dem Trinquelin, der Cure, dem Chalaux und der Yonne und las-

→ Reizvoll: der Morvan im Frühjahr, wenn die Bäume noch kahl sind, aber das erste Grün knospt

← Julien Fuchey betreibt die Auberge La Morvandelle in Tichy.
↙ Im Dornröschenschlaf: La Morvandelle am Lac des Settons
↘ Das Blätterdach der Bäume umarmt sich in den Kronen und verwandelt die Straßen des Morvans in grüne Tunnel.

sen Fliegenfischer träumen. Sie versorgen Frankreichs Hauptstadt mit Wasser, denn alle Flüsse des Morvan bewässern das Pariser Becken. So liegt Paris eigentlich an der Yonne, sagen die Einheimischen. Und nicht an der Seine. Denn sonst gilt stets die Regel: Wenn zwei Flüsse zusammenfließen, mündet immer der langsamere in den schnelleren – also die langsame Seine in die schnellere Yonne. Der Cure und der Yonne ist es auch zu verdanken, dass Paris vom Mittelalter bis in die erste Hälfte des 19. Jahrhunderts geheizt werden konnte. Die Holzflößer schickten damals ihre Stämme auf dem Wasserweg bis nach Clamecy und Vermenton, wo sie zu Flößen zusammengebaut und über die Yonne und die Seine in die Hauptstadt verschifft wurden.

Nach der Schneeschmelze im Frühjahr und ergiebigen Regenfällen verwandeln sich die klaren Wasser des Morvan in wilde Fluten. Kanuten kämpfen sich durch den tosenden Chalaux. Auf der Cure wurde inmitten von Wäldern und Granitfelsen ein kilometerlanger Paddelparcours angelegt.

Fünf Kilometer von Saint-Brisson entfernt stürzt sich der Gouloux in eine uralte Spalte und bildet einen zehn Meter hohen Wasserfall. Hier sind die beiden Gesichter des Morvan vereint: auf der einen Seite ein tiefer Wald, voller Nadel- und Laubbäume mit moosigen Stämmen bevölkert, auf der anderen ein tosender Fluss. Neben dem Wasserfall weisen Granitmauern auf zwei einstige Standorte von Mühlen hin – die eine mahlte das Korn zu Mehl, aus der anderen floss bestes Öl. Auch einen alten Floßhafen gab einst dort.

Sechs Seen

Zur Regulierung seiner Flüsse sowie als Wasserspeicher für die Energieversorgung und Landwirtschaft erhielt der Morvan sechs künstliche Seen. Der größte von ihnen, der 520 Hektar große Lac de Pannecière wurde in der ersten Hälfte des 20. Jahrhunderts angelegt, um den Abfluss der Yonne und der Seine zu kontrollieren und Paris vor großen Überschwemmungen zu bewahren. Gut 100 Jahre älter ist der Lac des Settons, einst für den Holztransport errichtet, heute ein beliebtes Ausflugsziel für Seniorengruppen, die erst am Ufer schlemmen, dann sich mit rot-weißen Booten über den See schippern lassen. Sportlicher geht es am Lac de Chaumeçon zu, wo Rafting und Rudern, Paddeln und Baden im Sommer Programm und die Sonnenuntergänge wahrhaft traumhaft sind. Wer es ruhiger mag, sollte den Lac du Crescent wählen, wo Angler ihre Ruten auswerfen. In der Vallée du Cousin versteckt sich der Lac de Saint-Agnan. Er ist noch ein echtes Naturjuwel. Keine Häuserfronten verschandeln den Blick über die 140 Hektar große Wasserfläche, die 1969 entstand. Auch Motorboote sind verboten. Wanderwege folgen seinen Ufern – einer davon auf Pfählen. 21 Kilometer lang ist die Runde einmal um den See. »Petit Canada« – Klein-Kanada – wird dieser Landstrich genannt. Im Herbst inszeniert das feuerrot leuchtende Laub der Eichen einen veritablen Indian Summer.

INFO

WIEGE DER NATION

Der 821 Meter hohe Gipfel des Mont Beuvray gilt als Wiege der Nation: Hier soll der Avernerfürst Vercingetorix im Jahr 52 v. Chr. die gallischen Stämme zum Kampf gegen Rom versammelt haben. Die Gallier unterlagen – und Cäsar verfasste im besiegten Dorf Bibracte ein Standardwerk der Kriegsführung, das bis heute für Franzosen Pflicht beim Latein-Büffeln ist: »De Bello Gallico«. Seit 2008 ist das gallische Dorf ein »Grand Site de France« und gehört zum Netzwerk der inzwischen 51 Topsehenswürdigkeiten Frankreichs in Kultur und Natur. Doch zunächst sieht man nur Bäume: 1000 Hektar Buchen- und Tannenwald bedecken den Mont Beuvray: Grün, so weit das Auge reicht. Zu Fuß sollte man sich nun der Porte du Rebout nähern, dem Tor zur gallischen Stadt, in der bis zu 10.000 Menschen lebten, als die Römer sie eroberten. Den Besuch des Ausgrabungsgeländes macht die App lebendig. Tiefer hinein in die gallische Stadt und die Lebenswelt der Gallier führt das Museum, zu dem eine interaktive Galerie gehört, die die 150 wichtigsten Exponate von Bibracte online präsentiert.
bibracte.fr, App: boussole.bibracte.fr

WEITERE INFORMATIONEN

parcdumorvan.org

Aus der Luft ist das Ausgrabungsgelände der alten Gallier-Siedlung Bibracte am besten zu erkennen.

Auch im Winter ist der Morvan-Naturpark ein landschaftlich sehr reizvolles Reiseziel.

21

BRIONNAIS

WIESENWISSEN MIT UNESCO-AMBITIONEN

»Wiege der *charolaise*« nennt sich das Brionnais, wo die Rinderrasse Mitte des 18. Jahrhunderts als Fleisch- und Arbeitsrind gezüchtet wurde. Es ist ein Stück Burgund mit satten Weiden und sanften Hügeln, die nach Westen zur Loire ausrollen und nach Süden fast unmerklich in die Auvergne übergehen.

Dörfer sind cremefarben, Hecken mannshoch und undurchdringlich. Stattliche Höfe zeugen vom einstigen Wohlstand der *marchands-emboucheurs*, der Händler, die ab Mitte des 18. Jahrhunderts die Rinder auf der Weide mästeten, um die schlachtreifen Tiere auf Viehmärkten wie dem in Saint-Christophe-en-Brionnais zu verkaufen. Anschließend wurden die Tiere auf den 500 Kilometer langen Weg nach Paris geschickt, wo sie zwei Wochen später in den Schlachthöfen ankamen und als *rasse charolaise* vermarket wurden. Das erste *Herd Book* der Rasse entstand 1864 im Département Nièvre, das zweite im Département Saône-et-Loire. Auf der Pariser Weltausstellung 1878 machten die robusten Rinder aus dem Südburgund erstmals international Furore. Heute wird die *charolaise* in über 70 Ländern gezüchtet. Allein im Brionnais und dem angrenzenden Charolais setzen an die 300.000 Rinder ebenso viele sahneweiße Tupfer ins satte Grün – das nicht irgendein Grün ist.

← 300.000 Charolais sollt ihr sein! Ungefähr so viele Rinder der berühmten Rasse grasen in den Weiden des Brionnais und Charolais.

Eine Frau im Rinderzüchteruniversum

»30 verschiedene Pflanzenarten muss die Flora in den Wiesen aufweisen, die als AOP-Zone zugelassen sind«, erklärt Florence Naulin, eine der wenigen Frauen im südburgundischen Rinderzüchteruniversum. Klee ist besonders gefragt. Eine genaue Kenntnis der Beschaffenheit jeder Wiese ebenso. »Es gibt Wiesen, auf denen so kräftige Kräuter wachsen, dass Kälber daran sterben können«, fährt die Rinderzüchterin fort und bittet um Vorsicht. Der Stier, auf dessen Weide wir über eine Wiesenkuppe stapfen, verstehe manchmal keinen Spaß. Die Türen des hinter uns geparkten Autos bleiben daher sperrangelweit geöffnet, um sich im Fall eines Falles möglichst schnell ins schützende Blech zu retten.

Schon als Zweijährige wurde Florence vom Großvater mit auf den Rindermarkt nach Saint-Christophe-en-Brionnais genommen. Die Ferme Bois de Vaux, die die heute 52-Jährige erst gegen viel Widerstand von der Familie übernehmen konnte, liegt ungefähr auf halber Strecke zwischen dem Ackerbürgerstädtchen Charolles, das der Rasse den Namen gegeben hat, und Semur-en-Brionnais, dessen Kirche als Meisterwerk der Romanik in Burgund gilt und dank Burgruine und der für das Brionnais typischen Hügellage zum Kreis der »schönsten Dörfer Frankreichs« zählt.

Tradition als Landschaftsschützer

»Nichts stört«, freut sich Florence Naulin am Croix de Montmessin, einem Wegkreuz, das einen Steinwurf hinter dem Hof auf einem der vielen Hügel des Brionnais thront und einer der bekanntesten Aussichtspunkte des Landstrichs ist. Von landschaftsverheerenden Windkrafträdern, Fabriken, Neubausiedlungen bleibt das Brionnais verschont.

Auch bei der Rinderzucht bleibt vieles beim Alten. Ihren Kühen die Hörner abzusägen, wie es heute in der Intensivmast üblich ist, käme Florence Naulin nicht in den Sinn, und auch die Besteigung der Kühe durch einen der vier Zuchtstiere erfolgt in Form einer *monte naturelle*, sprich: draußen auf der Weide. Das alles fällt für die *Charolaise*-Züchterin unter den Begriff Terroir-Rind. Für den Rest sorgt das strenge AOP-Reglement. So schreibt das Chargenheft der geschützten Herkunft vor, dass das im Winterstall verfütterte Heu aus den Weiden stammen muss, die in der AOP-Zone liegen.

Generation auf Abruf

Nächstes Ziel ist die Ferme des Collines. Der Hof in den stattlichen Nebengebäuden eines während der Französischen Revolution niedergebrannten Schlosses ist wegen seiner Auberge, in der man auf Bestellung alles serviert bekommt, was ein Charolais-Rind ergibt, weit über das verbummelte Dorf hinaus bekannt. Wie Florence Naulin züchtet auch Philippe Paperin Charolais-Rinder. Eine Narbe auf der rechten Wange weist zudem darauf hin, dass auch Monsieur Paperin seinen Rindern die Hörner nicht absägt.

Der Rinderzüchter ist zudem stellvertretender Bürgermeister seines 170 Seelen zählenden Dorfs und als solcher eine treibende Kraft bei der Kandidatur des Charolais-Brionnais als Weltkulturerbe der UNESCO. Paperin weiß, dass die Uhr für eine der letzten, seit 300 Jahren fast unveränderten Weidelandschaften Europas auf fünf vor zwölf steht. Mit 59 Jahren ist der Züchter ein Vertreter der Generation, die demnächst in Scharen in Rente gehen wird und einen Nachfolger sucht.

Nur ein knappes Drittel der Züchter im Brionnais kommt gut über die Runden, weiß Monsieur Paperin ebenfalls. Er hofft auf einen »UNESCO-Effekt«. Die Aufnahme wäre ein Novum. Noch nie zuvor wurde eine an spezielle Bewirtschaftungstraditionen gebundene Weidelandschaft in Verbindung mit einer Zuchttierrasse und einer Züchtertradition als Weltkulturerbe eingestuft.

↖ Das Tympanon der Dorfkirche von Semur-en-Brionnais – ein Höhepunkt der Romanik in Burgund
← Was auch für die Kirche Saint-Hilaire selbst gilt. Der Bau stammt aus dem 12. Jahrhundert.
↗ Das Eisenbahnviadukt von Mussy-sous-Dun ist ein Wahrzeichen des Brionnais. Noch berühmter ist die nahe Montagne de Dun, mit 721 Metern der höchste Punkt des verbummelten Landstrichs.

INFO

MAISON DOUCET
Frédéric Doucet, Chef de Cuisine »vom Vater auf den Sohn«, kam nach Jahren des unabdinglichen Wanderns durch die Küchen der Welt ins Hôtel de la Poste nach Charolles zurück. Er entstaubte das Haus und taufte den Familienbesitz in Maison Doucet um. Mit viel Design im Haupthaus, einem flotten Bistro im Industrial Look und einer zum schicken Boutiquehotel umgebauten Häuserzeile hat das Traditionshaus den Sprung ins 21. Jahrhundert geschafft. Als Koch gelingt Doucet der Spagat, die Küche Burgunds dank präzisester Garungsgrade und modernster technischer Ausrüstung zu entschlacken und mit Neuinterpretationen klassischer Gerichte zukunftsfähig zu machen. Sein Lobgesang auf die *charolaise* betrifft nicht nur den hohen Muskelanteil des Rinds, sondern auch die hohe Verwertungsrate der Karkasse von über 70 Prozent.
maison-doucet.com

MARCHÉ AUX BOVINS VON SAINT-CHRISTOPHE-EN-BRIONNAIS
Der Rindermarkt am Mittwoch teilt sich in den Marché au gré (Direktverkauf von Schlachtvieh) um 12.15 Uhr und den Marché au Cadran (Mastviehauktion) von 7 bis 13.15 Uhr. Das Office de Tourisme bietet Führungen an, Anmeldung per Mail (antennetouristique@orange.fr).

Charolais-Rinder schauen dich an, und wer könnte diesen Augen widerstehen? Die Käufer und Besucher auf dem Rindermarkt von St-Christophe-en-Brionnais jedenfalls nicht.

22

DOMBES

RENDEZVOUS MIT DEM REIHER

»Schlechtes Land!« – So nannte der französische Schriftsteller Edgar Quint (1803–1875) die weite Ebene der Dombes wegen ihrer unfruchtbaren Erde. Und doch hat sie sich als Gourmethochburg einen Namen gemacht. Schuld daran sind die rund 1000 Fischteiche, die der Region ein reiches Vogelleben bescheren.

Die Dombes liegt südlich von Bourg-en-Bresse im Département Ain. Sie wird im Westen von der Saône, im Süden von der Rhône, im Osten von der Ain und im Norden von der Bresse begrenzt. Ihre berühmten Fischteiche wurden bereits im Mittelalter angelegt. Damals hatten die dortigen Mönche die Idee, die Sümpfe in natürliche Senken umzuwandeln. So formten sie Ketten von Teichen in der Dombes. Jeder Teich ist durch einen Graben mit den anderen oberhalb und unterhalb verbunden. 1000 von ihnen sollen es sein, schätzt der Fischereiverband der Region – mit einer Gesamtfläche von rund 100 Quadratkilometern! Vor allem Karpfen, aber auch Hechte, Zander und Schleien werden in der größten Süßwasserfischzuchtregion Frankreichs gezüchtet: 1.500 Tonnen Fisch pro Jahr!

Immer Anfang Oktober werden die Teiche wie eine Badewanne durch das Ziehen eines Ventils, des *thou*, entleert. Die Fische versammeln sich dabei an der tiefsten Stelle des Teiches, dem *bief*. Die Fischer ziehen nun ein Netz von einem Ende des Teiches zum anderen und bringen sie so in Ufernähe. Dazu steigen die Fischer in den Teich, stehen tief im Schlamm und ziehen mit vereinten Kräften den Fang hin zur *pêcherie* genannten Stelle am Ufer. Dort holten sie mit dem *arvaux*, einer Art großem Kescher, ihren Fang an Land. Dieser Vorgang wird während des Fischfangs zwei- bis dreimal mit immer engmaschigeren Netzen wiederholt – bis zum sehr feinen Seillette. Danach sind die *trieurs* an der Reihe. Ihre Aufgabe ist es, den Fisch für den Verkauf nach Kategorie und Gewicht zu sortieren. Alle Fische, die aus den Teichen der Dombes stammen, werden ohne Antibiotika in einem natürlichen, schadstofffreien Milieu gezüchtet – das garantiert das geschützte Warenzeichen.

Poissons de Dombes

Die Fischzucht in einer völlig natürlichen Umgebung macht die Fischteiche zum Paradies für Wildvögel. 250 Arten sind in der Dombes heimisch, brüten oder rasten dort. Stock-, Reiher-, Schnatter- und Kolbenenten gleiten über die Teiche. Am Schilfsaum staken Purpurreiher. Auch Grau- und Silberreiher lockt der Fischreichtum an. Wer ein Fernglas dabei hat, kann selbst Schwarzhalstaucher, Stelzenläufer und die Weißbart-Seeschwalbe beobachten. Inmitten des 38 Hektar großen Naturschutzgebiets von Villars-les-Dombes präsentiert der Parc des Oiseaux die Welt des Vogelflugs mit 2000 Vögeln aus 400 Arten von fünf Kontinenten. Hoch am Himmel ziehen die Mönchsgänse zu den Teichen.

← Mehr als 1000 Fischteiche soll es nach Angaben des regionalen Fischereiverbands in der Dombes geben!
↓ In dieser Region des Öfteren zu beobachten: Silberreiher

INFO

ÉTANG DU GRAND BIRIEUX

Er ist der größte im Land der 1000 Teiche: der 94 Hektar große Étang du Grand Birieux im Herzen eines Natura-2000-Gebiets. Der Fischteich gehört zu einer Hofstelle mit Land- und Forstwirtschaft, die das Office Français de la Biodiversité (OFB) betreibt – als Stelle für Naturstudien. Dazu baute die staatliche Stelle für die Wiederherstellung der Biodiversität im französischen Mutterland 2021 ein Observatorium, das Besuchern offensteht. Neben einer reichen Vogelwelt sind mehrere geschützte Insekten, etwa der Sumpfkupferfalter, ein seltener Schmetterling, hier anzutreffen.
ofb.gouv.fr/les-reserves/le-domaine-de-letang-du-grand-birieux

FERME DE L'ABBAYE

Ursprünglich als Bauernhof zur Versorgung der Zisterzienserabtei angelegt, hat sich die Ferme de l'Abbaye heute diversifiziert. Die Gemeinschaft betreibt eine eigene Fischerei, züchtet Schafe und Rinder, besitzt einen großen Obstgarten und Bienenstöcke und stellt köstlichen Käse und hausgemachte Süßigkeiten her. Jeden Sonntagnachmittag öffnet der Abteihof seine Pforten für Besucher. Nur dienstags ist der Klosterladen geschlossen.
dombes.chemin-neuf.fr

23

CHARTREUSE

IM REICH DES GUIERS'

Eine Festung aus Kalk mit einsamen Hochebenen, tiefen Schluchten, Kletterfelsen und Höhlen, dichten Wäldern und blumenübersäten Weiden ist das voralpine Kalkmassiv der Chartreuse in den französischen Voralpen. Sein Wahrzeichen sind bis zu 200 Meter hohe Kalkklippen, die senkrecht aus dem Grün ragen.

Als aufeinanderfolgende Antiklinalen und Synklinalen bilden die Kalkklippen die lange, von Norden nach Süden verlaufende Kammlinien der Chartreuse, deren Einzigartigkeit seit 1995 ein regionaler Naturpark schützt. Am Westhang des Chartreuse-Kamms Rochers de Bellefont entspringt in 1400 Meter Höhe ein Fluss, der zunächst Guiers Mort heißt, sich bei Entre-deux-Guiers mit dem Guiers Vif vereint und als Guiers nach 49,9 Kilometern unterhalb von Saint-Genix-sur-Guiers in die Rhône mündet. Auf seinem Lauf hat er die schönsten Schluchten der Chartreuse geschaffen: die Gorges du Guiers Vif und die Gorges de l'Échaillon am Guiers Vif, die Gorges du Guiers Mort am Guiers Mort und die Gorges de Chailles unterhalb ihres Zusammenflusses. Auf dem Guiers fühlt sich ein kleiner, gedrungener Vogel mit braunem Gefieder, weißer Brust und kurzem schwarzem Schnabel wohl, der tauchen, schwimmen und sogar über das Wasser laufen kann: der *cincle plongeur* – die Wasseramsel. Hoch am Himmel ziehen Königsadler ihre Kreise.

Imposante Wasserkraft

Die unterirdischen Quellen des Guiers Vif bildeten einst die historische Grenze zwischen der Dauphiné und dem Königreich Savoyen. Heute verläuft hier die Grenze zwischen den Departements Isère und Savoyen. Im Cirque de Saint-Même stürzen sich seine Fluten nacheinander tosend in die Tiefe – von der Cascade de la Source, die auf dem Gipfel der Klippe entspringt, über die Grande Cascade, dem größten Wasserfall des Quartetts, zur Cascade Isolée und Cascade de la Pisse du Guiers, dem niedrigsten des Felskessels. Auf Höhe der Grande Cascade überquert die Passerelle des Resquilleurs als Bogenbrücke aus Holz den Guiers Vif: welche Aussicht auf den ungezähmten Fluss! Seine Energie nutzte ab 1890 das damals erste Wasserkraftwerk Frankreichs.

Das Wasser plätschert in der Chartreuse nicht nur in der Tiefe, sondern auch von oben: Das ozeanische Bergklima sorgt für reichlich Regen – durchschnittlich 1504 Millimeter im Jahr – und beschert dem Massiv fast doppelt so viel Niederschlag wie Hamburg. Das lässt das Grün sprießen, auch wenn das Wasser schnell von der Oberfläche im Karst des Massivs verschwindet. Dicht sind die Moospolster von Bergahorn und Fichte, mystisch und verwunschen umhüllen Nebelschwaden die Tannenwälder. Im Unterholz streift bei Einbruch der Nacht der Fuchs umher. Aus ihrer Baumhöhle sieht ihm dabei die *chevêchette*, der Sperlingskauz, zu. Hier ist Europas kleinste Eulenart noch heimisch.

INFO

PASSAGE DU L'AULP DU SEUIL

Auf diesem schwindelerregenden Weg wurde über viele Generationen hinweg das Vieh zu den Sommerweiden getrieben. Die Wanderung beginnt am Parkplatz des Col de Marcieu in Saint-Bernard du Touvet. Zuerst geht es durch den Wald, dann über die Skipiste am Skilift vorbei bis zu einer Geröllhalde, über der sich ein junger Tannenwald befindet. Nach diesem kurzen, steilen Anstieg folgen eine lange Südwestquerung und einige Serpentinen im Wald bis zu einer Lichtung auf 1458 Meter Höhe. Von dort öffnet sich ein atemberaubender Blick auf das große Felskar, das als Nächstes bezwungen werden muss. Den Aufstieg im Kar erleichtern erst breite behauene Stufen, ehe Schranken und Holzpflöcke die Strecke hinauf zum Gipfel sichern. Aus 1830 Meter Höhe bieten sich herrliche Ausblicke auf die Belledonne-Kette bis zum Mont Blanc und auf die ausgedehnte Alm (L'Aulp) des Vallon de Marcieu, das der Col de Bellefond und der Wald von Seuil begrenzen und die Kämme der Lances de Malissard und L'Alpette einrahmen (7,94 Kilometer, 830 Höhenmeter, 5 Stunden, mittelschwer).

WEITERE INFORMATIONEN

chartreuse-tourisme.co

← Das Plateau des Petites Roches bei Saint-Hilaire-du-Touvet
↑ Im Cirque de Saint-Même stürzen gleich drei großartige Kaskaden über die Felsen.

Sattes Grün bedeckt die Monts du Cantal in der mit Niederschlägen und Vulkanketten gesegneten Auvergne.

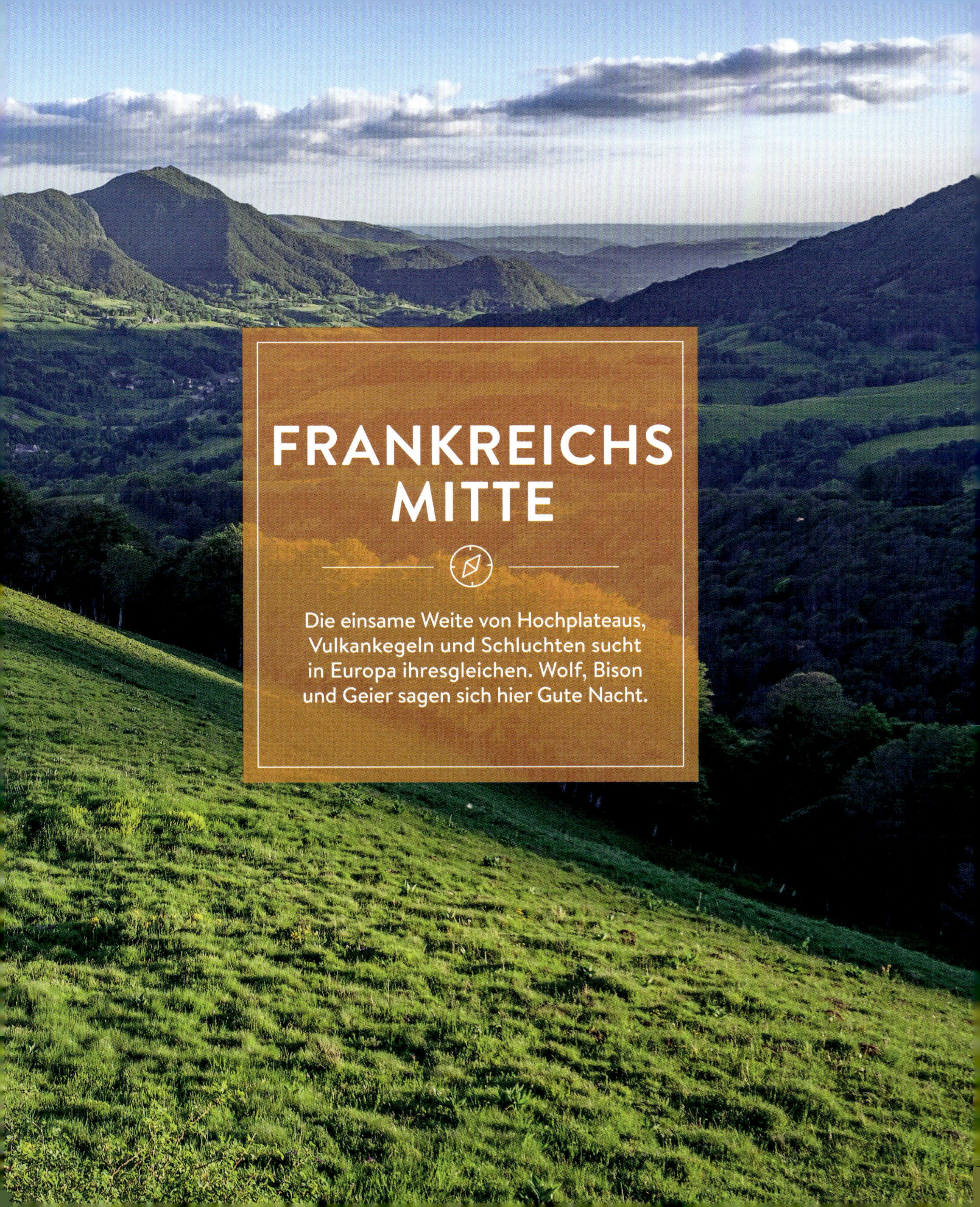

FRANKREICHS MITTE

Die einsame Weite von Hochplateaus, Vulkankegeln und Schluchten sucht in Europa ihresgleichen. Wolf, Bison und Geier sagen sich hier Gute Nacht.

24

FORÊT DE FONTAINEBLEAU

NICHT NUR FÜR SONNTAGSMALER

Tout Paris fährt sonntags gern nach Fontainebleau, sei es, um das Schloss zu besichtigen, sei es, um im 25.000 Hektar großen Forêt de Fontainebleau zu wandern, Rad zu fahren, zu klettern, im Wald zu baden oder zu reiten. Oder einfach, um der sommerlichen Hitze der Großstadt zu entkommen.

Fontainebleau war schon immer ein Ausflugsziel für betuchte Pariser und hat alle Herrscherhäuser gesehen. Ins Schloss kamen die französischen Könige, um sich zu vergnügen, anfangs im Herbst zur Jagd, seit Franz I. auch zur Sommerfrische. »Die Bewohner von Fontainebleau erschienen mir sanft und friedfertig. Selbst das niedere Volk pflegt nicht die groben Manieren, die es überall sonst kennzeichnet. Ich glaube, dass man dies dem häufigen Kontakt mit dem Hof und den höchsten Fürsten Frankreichs zuschreiben muss«, notierte Kardinal Pacca 1813. Die Umstände seines Aufenthalts waren allerdings wenig erfreulich. Der Sekretär Papst Pius VII. wurde von Napoleon als Gefangener in Fontainebleau festgehalten.

Fontainebleau wird umgeben vom zweitgrößten Staatsforst Frankreichs, der von drei Flüssen – der Seine im Osten, der École im Westen und der Loing im Süden – begrenzt wird. Der 19.200 Hektar große Forst bedeutet mehr als nur endloser Wald. Heideland wechselt mit Hochwald. Auf Hügel folgen Täler und Schluchten. Es geht von Sandwüsten mit bizarren Sandsteinfelsen auf Kalksteinplateaus. 460 Moos-, 675 Flechten-, 2700 Pilzarten, dazu 200 Vogel- und 60 Säugetier- und 56.000 Insektenarten machen den biologischen Reichtum aus.

Ein Bild von einem Wald

Als Besuchermagnet kann es Barbizon mit Fontainebleau aufnehmen. Dabei besteht das Dorf aus nicht viel mehr als Belle-Époque-Villen und Kunstgalerien. In Barbizon aber versammelte sich ab 1822 eine Schar malender Aussteiger, die der erstarrte Pariser Akademismus in den Forêt de Fontainebleau trieb. Der Krämer Père Ganne bot den Malern für ein paar Sous Kost und Logis über seinem Kolonialwarenladen an. Es war die Geburtsstunde der »Ecole de Barbizon«. In der ehemaligen Dorfherberge erinnert ein Museum an die Maler Corot, Rousseau, Millet. Sie alle waren Vertreter einer Schule, die die Landschaft zum Programm erhob. Von Barbizon führt eine gelb markierte Wanderroute auf die Spuren der Landschaftsmaler: in das felsige Chaos, das Camille Corot begeistert hat, und in die majestätischen Eichenwälder.

Heute durchziehen das Gebiet 1500 Kilometer Waldwege, 400 davon gekennzeichnet, sowie annähernd 200 Kletterrouten, von denen es einige in sich haben. An den berühmten Felsblöcken von Fontainebleau üben sich Boulderer sogar für spätere Himalaja-Expeditionen.

INFO

SABLES DU CUL DU CHIEN

Die Sandwüste Les Sables du cul du chien in der Nähe von Noisy-sur-École ist eine geologische Kuriosität mit in der Weite verstreuten großen Felsformationen, an denen Freikletterer sich üben. Wahrzeichen ist der Bilboquet, ein vom Sand eingeschlossener Fels. Vom Parkplatz La Roche aux Sabots gelangt man in 20 Minuten Fußweg mitten in das Naturwunder.

WANDERN MIT ESEL

Der Verein Avon'ânes bietet von seinem Sitz Le Parc de Bel Ébat in Avon ein halbes Dutzend verschiedene Touren an, von der einstündigen Schnupperwanderung bis zum Ganztagesausflug. Die vier Esel Kakou, Martin, Anthonin und Noisette tragen dabei das Gepäck. Jeden Mittwoch können Kinder (Maximalgewicht 35 Kilogramm) sogar ein paar Runden auf dem Esel im Parc de Bel Ébat drehen.
avonanes.com

WEITERE INFORMATIONEN

fontainebleau-tourisme.com

← Ob die Wanderer im Forêt de Fontainebleau ahnen, dass sie historischen Boden betreten? Die ersten Wanderwege Frankreichs wurden hier vor fast 200 Jahren angelegt!
↑ Kein Original, sondern ein Wandgemälde im Stil der École de Barbizon ziert diese Fassade.

25

DÉSERT AUVERGNAT

KAHLER IST KEINE WÜSTE

»Die Auvergne produziert Minister, Käse und Vulkane. Aber es gibt nichts Kahleres als Vulkane.« Das Bonmot stammt von Alexandre Vialatte (1907–1971), Journalist und Schriftsteller, dessen wöchentliche Chronik fast 20 Jahre lang in »La Montagne«, der wichtigsten auvergnatischen Tageszeitung, erschienen ist.

Zum besseren Verständnis des Zitats genügt es, die Seilbahn zum Puy de Sancy, dem mit 1885 Metern höchsten Punkt des Zentralmassivs, zu nehmen. Wahlweise tut es auch die sich in Kringeln auf den 1465 Meter hohen Puy de Dôme schraubende Straße. So weit das Auge reicht, baut sich zwischen beiden Gipfeln die bedeutendste Vulkanlandschaft Europas auf. Allein das Cantal-Massiv bildet einen einzigen kolossalen Strato-Vulkan. Kein Fabrikschlot, keine Asphaltschneise stört das Bild. Was so bleiben soll: Die kahlen Graskuppen mit der typischen trichterförmigen Einstülpung am Gipfel und dem Wald, der wie ein Haarkranz bis auf halbe Flankenhöhe ansteigt, bilden Frankreichs ausgedehntesten Naturpark.

Vier Vulkanformationen sollt ihr sein!

Le désert auvergnat, die auvergnatische Wüste, heißt die endlose Weite rollender Hügel, die sich in vier Formationen von Nord nach Süd erstreckt. Der Reihenfolge nach sind es die Ketten der Monts Dôme und der Monts Dore sowie das Cézallier- und das Cantal-Massiv. Von den Kräften der Erosion geschliffen und zurechtgestutzt, erinnern die Gipfel an zu ewiger Ruhe dahingesunkene Dinosaurier, aber auch an nur kurz eingenickte Urviecher mit alpinem Buckelkamm.

Manche sind drei Millionen, andere noch keine 7000 Jahre alt, was gemessen an der auf 4,5 Milliarden Jahre veranschlagten geologischen Geschichte der Erde im ersten Fall jung, im zweiten taufrisch bedeutet. Unvorstellbare Gewalt war beim Entstehen des *désert auvergnat* im Spiel: Vom jüngsten Vulkan der Auvergne hinterließ die auf seine Eruption folgende Explosion einen 90 Meter tiefen Kratersee, das Maar von Pavin.

Martinique oder Stromboli?

Einige Riesen erweisen sich beim Besteigen als äußerst fragile Schlackehaufen. Wo Wind und Regen Löcher in den Graspelz des Puy de la Vache und Puy de Lassolas gerissen haben, löst ein unachtsamer Fußtritt eine rot staubende Geröllawine aus. Geologisch korrekt spricht man von Vulkanen des Pelée-Typs, benannt nach dem 1902 auf der Karibikinsel Martinique ausgebrochenen Quellvulkan: Emporquillende Lava erkaltet zu einem soliden Steilberg ohne Krater – bestes Beispiel ist der Puy de Dôme. Vulkane des Stromboli-Typs erkennt man hingegen an Kegelform und Krater sowie den Lavaströmen, die unterhalb des Kraterrings zu Tal gegangen sind – wie am Puy de Pariou etwa.

← Der Puy de Dôme mit seinem markanten Krater zählt zu den bekanntesten Vulkanen der Auvergne und ist Teil des UNESCO-Weltnaturerbes.
↓ Soll an einen Vulkankrater erinnern: der fast kreisrunde Bau des Vulkanerlebnisparks Vulcania

INFO

VULCANIA
Die Idee, die Vulkane der Auvergne in einem Wissenschaftspark vorzustellen, führte zum Bau des Europäischen Zentrums für Vulkanismus Vulcania, das 2002 eröffnet wurde. Wieder war der Vulkanologe Maurice Krafft die treibende Kraft, unterstützt von Giscard d'Estaing. Als Standort dient ein ehemaliges Munitionslager westlich von Clermont-Ferrand. Als Sieger aus dem internationalen Architekturwettbewerb gingen der Österreicher Hans Hollein und der Franzose Philippe Tixier hervor. Ihr Entwurf überzeugte durch ein Hauptgebäude in Form eines Vulkans. Im Inneren speit es Feuer und die Erde rumort, was die Betonhülle hält.
vulcania.com

PANORAMA-ZAHNRADBAHN ZUM PUY DE DÔME
In langen Kurven schraubt sich die Panorama-Zahnradbahn vom Font de l'Arbre bei Orcines auf den 1465 Meter hohen Puy de Dôme hoch, der der höchste Punkt der rund 80 Vulkankrater umfassenden Monts Dôme ist.
panoramiquedesdomes.fr

26

LARZAC

WO FRANKREICH DEN WIDERSTAND LERNTE

Nur ein paar Tausend Menschen, aber umso mehr Schafe leben auf dem Larzac, dem größten und südlichsten unter den Grands Causses Südfrankreichs. Das Kalkplateau ist ein weltentrücktes, von Klüften scharf umrissenes Niemandsland.

Für einen ganzen Tag sind handbeschriebene Brettchen, die zum Schließen von Weidegattern ermahnen, die einzigen Chiffren der Zivilisation. So viel menschenleere Einöde ist selten. Der Larzac diente deshalb mehrmals als Filmkulisse. Henri Decoin stellte 1956 Peter van Eyck und Françoise Fabian für »Le Feu aux poudres« in den mittelalterlichen Gemäuern von Sainte-Eulalie vor die Kamera, Philippe de Broca holte fünf Jahre später Claudia Cardinale und Jean-Paul Belmondo zu den Dreharbeiten von »Cartouche« ins Festungsdorf La Couvertoirade. Und Christian Chalonge ließ 1980 Michel Serrault und Jean-Louis Trintignant in der unwirtlichen Mondlandschaft von Le Caylar die Opfer einer Nuklearkatastrophe mimen.

Dicht bevölkert war die karge, von mageren Steppen überzogene Hochebene nie. Die felsigen Böden ernähren nur wenige Mäuler. Pausenlos zurrt der Wind an den vereinzelten Wacholder- und Ginstersträuchen, entfacht durch den Zusammenprall von ozeanischem, kontinentalem und Mittelmeerklima. Weißdornsträucher kommen über Bonsaigröße nicht hinaus. Kräftiger Mischwald bedeckt hingegen die Flanken der schroff über den Schluchten von Dourbie, Virenque und Vis ansteigenden Hochebene.

Oben angekommen, überrascht der Larzac mit tiefen Furchen. Der größte, vom Wasser des Cernon aus dem Kalkgestein gewaschene Einschnitt zieht sich von Ost nach West. In den windgeschützten Lagen am Cernon ist das Klima mit einem Mal mediterran, gedeihen Pfirsichbäume und Oleander. Der kleine Fluss führt immer reichlich Wasser, ein auf den ariden Causses rares Gut. Wo kein Bach fließt, haben die Schäfer *lavognes* angelegt, trichterförmige, mit Steinpflaster ausgekleidete Mulden, in denen der Regen für die Herden aufgefangen wird.

Ein Plateau wie eine Festung

Seit dem Mittelalter wird die unzugängliche, über 1000 Quadratkilometer große Kalksteintafel am Übergang zu den Mittelmeerhäfen des Languedoc militärisch genutzt. Im 12. Jahrhundert richtete sich der Templerorden in Sainte-Eulalie mit einer Komturei ein. 1312 folgten mit den Hospitalitern erneut Soldatenmönche. Sie bestimmten die Geschicke des Plateaus bis zum Ende des Ancien Régime. Dann entdeckte die französische Armee den Larzac. Als deren Militärbasis 1971 erheblich vergrößert werden sollte, erhob sich ein Proteststurm, der das Land aufrührte. Am Plan, die Hochweiden zum Panzerübungsplatz umzuwid-

→ Das bekannteste Templerdorf des Larzac: la Couvertoirade

← Schafe sind der Reichtum des Larzac. Aus ihrer Milch wird der würzige Roquefort-Käse gewonnen. ↙ Ganz Roquefort ist ein feuchter, kühler Keller, in dem die Laibe des Blauschimmelkäses reifen. ↘ Steil sind die Flanken des Causse du Larzac. Das Hochplateau war deshalb über Jahrhunderte ein Zufluchtsort für Andersgläubige und -denkende.

men, entlud sich der aufgestaute Groll gegen staatliche Willkür, zentralistisches Technokratentum und die Arroganz des Militärs.

Allons, enfants du Larzac!

Anfang 1972 gründete sich in Rodez das erste Comité du Larzac, dem bald in ganz Frankreich weitere folgen sollten. Es kam zum großen Schulterschluss. Zu den Großdemonstrationen erschienen die Bischöfe von Rodez und Millau. Mit Unterstützung aus allen Landesteilen erstanden winzige Parzellen auf dem Larzac. Wie beabsichtigt, legten die Enteignungsverfahren die Gerichte lahm. Ins Herz der Nation aber traf die Bewegung mit Aktionen wie »Traktoren nach Paris« oder »Schafe unter dem Arc de Triomphe«: Angesichts der durch Paris getriebenen Herden schlugen sich die Franzosen zu Scharen auf Seiten der Demonstranten.

Die Zeit der verwegenen Aktionen endete 1981 mit der Wahl François Mitterrands zum Staatspräsidenten. Der Kandidat der Sozialisten hatte die Annullierung des Larzac-Projekts in den Maßnahmenkatalog aufgenommen. Noch im Wahljahr fegte Frankreichs neuer starker Mann die Pläne vom Tisch. Auf dem Larzac herrscht seitdem wieder Ruhe, aber kein Stillstand. 1995 wurde der Naturpark Grands Causses gegründet, seit 2011 zählt der Larzac zum Welterbe der UNESCO.

Ein Erfolgskäse gegen die Landflucht

Über eine halbe Million Mutterschafe grasen auf dem Plateau. Roquefort heißt das Zauberwort für die florierende Schafswirtschaft, der beste Schutz gegen die auf den benachbarten Causses grassierende Landflucht. Der zum Verkaufsschlager avancierte Käse mit den typischen blaugrünen Edelpilzadern reift in Roquefort auf der Westflanke des Larzac in einem Kalksteinlabyrinth feuchtkühler Höhlen.

Lieder der Nacht

Rund um das Festungsdorf La Couvertoirade ragen nackte Felsen wie frühzeitliche Stelen in den Himmel. Zwischen den von Wind und Regen ausgemergelten Steinkolossen mäandert ein Wanderweg bis an den Dorfrand. Am Ende des Felslabyrinths steht das Bürgermeisteramt, mit stilisierter Marianne und flatternder Trikolore an der Fassade. La Couvertoirade ist der Besuchermagnet des Larzac. Ein imposanter Mauerring samt Wehrtürmen, die teils aus dem Fels geschlagen wurden, schützt das mittelalterliche Gassengeflecht.

Mitternacht. Das Quaken der Kröten aus der *lavogne* vor dem Südtor brandet gegen die Mauern. In nur wenigen Stunden werden die Vögel La Couvertoirade wieder aus dem Schlaf zwitschern. So klingt der Soundtrack des Larzac.

INFO

ROQUEFORT

Das spröde Städtchen steht für den berühmtesten Blauschimmelkäse Frankreichs. Der aus der Milch von Lacaune-Schafen hergestellte, von grünblauen Adern durchzogene Käse reift in acht bis zehn Grad kühlen Höhlen und Grotten, die dank zahlreicher Felsspalten belüftet werden. Viele Produzenten bieten Führungen an (warme Kleidung!), vom Marktführer Société über den Konkurrenten Papillon bis zur vielfach prämierten Käserei Gabriel Coulet und dem weniger bekannten Combes le Vieux Berger. visite-roquefort-societe.com, roquefort-papillon.com, gabriel-coulet.fr, le-vieux-berger.com, roquefort-tourisme.fr

MILLAU

Weltberühmt ist die Kleinstadt erstens für die Handschuhe aus der Maison Causse (deren Neubau Stararchitekt Jean Wilmotte entworfen hat), bei der Karl Lagerfeld Stammkunde war und wo Madonna persönlich zur Handschuhprobe erschien, und zweitens für den von Sir Norman Foster entworfenen Viaduc de Millau, der als eleganteste Autobahnbrücke der Welt gilt. causse-gantier.fr, leviaducdemillau.com

WEITERE INFORMATIONEN

tourisme-larzac.com

Sir Norman Foster hat den Viaduc de Millau entworfen – oder anders gesagt: die eleganteste Autobahnbrücke Frankreichs.

27

LOZÈRE/GÉVAUDAN

WOLF ODER MENSCH?

Das ist im Gévaudan die Frage. Auch gut 250 Jahre nach dem Ende einer Mordserie, der verbrieft 92, mutmaßlich jedoch weit mehr Menschen zum Opfer gefallen sind, und lange nachdem die Grafschaft Gévaudan zum Département Lozère wurde, bleibt die Antwort aus.

Wen wollte man auch im gottverlassenen Landstrich hoch im Norden Okzitaniens fragen? Mit 15 Einwohnern pro Quadratkilometer ist die Lozère das am dünnsten besiedelte Département Frankreichs. Diejenigen, die auf einer Reise durch den Norden des Départements Auskunft geben könnten, wo das Töten über drei lange Jahre trotz groß angelegter Treibjagden, trotz hoher Belohnung für die Erlegung des Täters und trotz geharnischter Strafpredigten durch den Bischof von Mende ungehindert seinen Lauf nahm, sind folglich selten. Ganz zu schweigen davon, dass der Fall geklärt wäre. Oder gar die Fälle? So oder so, die Täterfrage ist bis heute offen.

Hoffungsträger »böser Wolf«

Was der Legende der *Bête du Gévaudan* freilich zuträglich ist. Bis heute kennt jedes Kind in Frankreich die »Bestie des Gévaudan«, die in französischen Kinderzimmern ungefähr so prominent ist wie diesseits des Rheins der böse Wolf. Genau das möchte Christophe Brunel nutzen. Der Spross einer im Gévaudan alteingesessenen Hoteliersfamilie kehrte zurück in das heimatliche Albaret-Sainte-Marie, um den von den Reisenden fast vergessenen Landstrich Okzitaniens auf die touristische Landkarte zu setzen. Die Winter sind ruppig. Erst im Mai kündigen die knallgelben Teppiche wild blühender Narzissen den Sieg des Frühlings an. Die Bestie und ihre Legende sollen dabei helfen, die klimatischen Standortnachteile wettzumachen. »Neben viel Einsamkeit und viel Landschaft ist die Bestie das größte Kapital im Norden der Lozère«, erklärt der Hotelier in vierter Generation.

Eine Bestie für jedes Dorf

In vielen Dörfern nördlich von Mende ist das Untier ohnehin präsent, dort also, wo die *Bête du Gévaudan* zwischen 1764 und 1767 vornehmlich gewütet hat. Im verschlafenen Aumont-Aubrac etwa züngelt die Bestie, auf den Hinterläufen stehend, vom Dorfbrunnen. Was eher putzig wirkt. In Marvejols, der von mittelalterlichen Toren bewachten Kapitale des Gévaudan, schleicht sich ein Untier aus der Mitte eines Kreisverkehrs ans Städtchen heran. Das Café gegenüber heißt »A la Bête du Gévaudan«, und im Faltplan des Office de Tourisme wird der Tipp erteilt, ein Selfie mit der Bestie zu machen. Im von mittelalterlichen Mauern eingeschnürten Le Malzieu-Ville, wo 1764 ein beträchtlicher Teil der aus dem ganzen Königreich herbeigerufenen Jäger stationiert war, wird der Bestie im August mit einer »Journée de la Bête« gedacht.

← Die Lozère ist eins der am dünnsten besiedelten Départements Frankreichs mit entsprechend viel Platz für Legenden und Schauermärchen.

Welcher Bestie allerdings, bleibt nicht nur auf dem Fest offen. Auch mit den beiden Standbildern, die der Bestie gewidmet sind, legt sich das Dorf an der Truyère nicht fest. Vor der wuchtigen Porte de Soubeyran knurrt ein furchterregend großer Wolf ein Hirtenpaar an. Die in Bronze gegossene dramatische Szene wird nur ein Stadttor weiter revidiert. Vor der Porte des Drogols schleicht sich ein Unhold im Wolfspelz an eine ahnungslose Hirtin heran. Womit wir wieder bei der Frage aller Fragen wären: Wolf oder Mensch?

»Bis heute kann niemand sagen, ob ein Wolf, ein Wolfsrudel, ein Werwolf, ein Mörder, ein Psychopath, eine Bande hinter der Mordserie steckte«, hält Christophe Brunel fest. Nichtsdestotrotz hat der smarte 48-Jährige 2017 zum 250. Jahrestag des Endes der Mordserie eine Plastik aus Kunstharz fertigen lassen, die die Bestie als Wolf ausweist und in Paris vor der versammelten Hauptstadtpresse präsentiert wurde. Seitdem faucht die Bestie die Gäste im Treppenhaus des Château d'Orfeuillette an und gibt das Thema für das zum Hideway mit Bestien-Devotionalia umgebaute ehemalige Jagdschloss eines Senators und Abgeordneten der Lozère vor.

Das von Monsieur Brunel in Auftrag gegebene zähnefletschende Ungetüm mit blutverschmiertem Maul und bluttriefenden Pfoten orientiert sich an einer Beschreibung vom August 1767, als der Kadaver eines außergewöhnlich stattlichen Wolfs nach Versailles verbracht worden war. Bereits am 19. Juni 1767 hatte Jean Chastel, »vortrefflicher Jäger« aus La Besseyre-Saint-Mary, das Tier am Mont Mouchet zur Strecke gebracht. Der Dorfarzt aus dem nahen Saugues führte noch am Abschusstag die Autopsie durch. Im Magen des Tiers fanden sich die Reste von Schafsknochen und vom Oberschenkelknochen eines Menschen. Auffällig große Pfoten und eine Zunge von rekordverdächtigen 37,8 Zentimeter Länge gab der Dorfarzt ebenso zu Protokoll. Alles Weitere sollte der Comte de Buffon, im Zeitalter der Aufklärung Frankreichs führender Naturforscher und Günstling Ludwigs XV., in Versailles klären.

Die Bestie ist tot, es lebe der König!

Der Transport aus einem der abgelegensten Winkel des Königreichs in die Zentrale der Macht nahm knapp zwei Monate Zeit in Anspruch, wohlgemerkt im Sommer. Der Kadaver gelangte folglich in stark verwestem Zustand, von Würmern durchfressen und fast kahl in Buffons Hände. Der aber ging furchtlos ans Werk, um nach »ernsthafter Untersuchung« zu befinden, dass es sich um einen großen Wolf handele. Mehr nicht. Und alle waren's zufrieden. Das Volk, die Jäger, der König sowieso. Im vorrevolutionären Frankreich nämlich hatte die *Bête du Gévaudan* für Zweifel an der Fähigkeit der Monarchie gesorgt, die Bevölkerung zu schützen. Nun war der Fall gelöst. Der Kadaver wurde auf einem heute unbekannten Grundstück in Paris verscharrt.

Christophe Brunel, der die im Château d'Orfeuillette platzierte Plastik der Bestie als neues Wahrzeichen des Gévaudan durchsetzen möchte, denkt für die Zukunft an eine touristische »Route de la Bête du Gévaudan«. Auch an einem Museum für die Bestie wäre ihm und einigen anderen unternehmerischen Köpfen gelegen. Das bislang einzige der Bestie gewidmete Museum befindet sich nämlich in Saugues – und damit bereits hinter der Grenze des Gévaudan zur Auvergne.

← Davon soll uns bange werden? Sieht eher putzig aus, diese Bestie auf dem Dorfbrunnen von Aumont-Aubrac.
↗ Mit der Mistgabel gegen die Bestie des Gévaudan? Zwecklos! Erst ein Jäger mit dem Schießgewehr brachte das Untier zu Fall.

INFO

MENDE

Die bescheidene Hauptstadt des Départements Lozère wird von der ungeschlachten Kathedrale Saint-Privat fast erdrückt. Papst Urban V. hat den Anstoß zum Bau mit der monumentalen Westfassade im 14. Jahrhundert gegeben – der Kirchenfürst stammt aus dem nahen Pont-de-Montvert, seine Statue steht vor der Kathedrale. Ringsherum versprüht die fußläufige Altstadt den trägen Charme der Provinz. Es gibt noch ein paar Fachwerkbauten, so etwa in der Rue de l'Arjal. Zum Markt am Samstag brummt es ordentlich in den Gassen. mende-coeur-lozere.fr

PONT-DE-MONVERT

Das 300-Einwohner-Dorf ist ein idealer Standort für eine Tour in die Heidekrauteinöde am Mont Lozère (169 Meter). Das Granitdorf am oberen Tarn ist zugleich Nabel einer Aussteigerszene, die sich zum Mittwochsmarkt trifft. Die Association Stevenson hat im Dorf ihren Sitz und informiert über Wanderungen auf dem Chemin Stevenson – auf den Spuren des schottischen Autors. chemin-stevenson.org, cevennes-montlozere.com

WEITERE INFORMATIONEN

lozere-tourisme.co

Mende ist die beschauliche Hauptstadt der Lozère. Über die Brücke geht's zur Kathedrale.

WÖLFE, GEIER, BISONS

DIE TOP DREI DER LOZÈRE

Die nördliche Lozère ist eine der am dünnsten besiedelten Regionen Frankreichs und bietet daher Platz für in Europa ansonsten fast ausgestorbene Wildtiere. Die müssen allerdings auch hier von Gehegen geschützt werden.

Es ist kurz vor halb fünf, ein weißer Pick-up hält am Zaun des Wolfsparks Les Loups du Gévaudan. Helfer wuchten Kübel mit Schlachtabfällen ins Gehege. Ein Rudel sibirischer Wölfe tänzelt, trippelt, schleicht sich heran. Das große Knochenbrechen, Innereienschlingen, Fleischbrockenzerreißen kann unter den Augen der Besucher, die durch Plexiglasfenster im Zaun dem archaischen Spektakel zuschauen, beginnen.

Die Fütterung der in weitläufigen Gehegen gehaltenen sibirischen, abessinischen, polnischen, kanadischen Wölfe ist der Höhepunkt eines Besuchertages im Wolfspark. 1985 konnte der Journalist und Naturschützer Gérard Ménatory auf dem Gelände eines ehemaligen Zoos im weltabgewandten Weiler Sainte-Lucie den Park schaffen. Schlagartig berühmt wurde dieser, als die ehemalige Filmschauspielerin Brigitte Bardot eine Unterkunft für hundert mongolische Jungwölfe aus Ungarn suchte. Die Tiere sollten beim Kürschner ihr Fell lassen. B. B. sorgte dafür, dass die Meute bei Monsieur Ménatory unterkam.

Der Wolfspark ist nicht die einzige Erfolgsgeschichte der Lozère als Reservat bedrohter Arten. Südlich von Le Malzieu-Ville fühlt sich der europäische Bison wohl, der hier

↖ Dieser Geier breitet seine Schwingen über der Jonte-Schlucht aus.
↙ Einmal am Tag werden die Rudel im Wolfspark Les Loups du Gévaudan gefüttert. Zuschauen können die Besucher durch die Fenster in der Holzwand des Geheges.
↓ Herbst in der Lozère. Dank seines dichten Fells macht dem Bison die Kühle nichts aus.

bis in die Spätantike schon einmal beheimatet war. Dank der Spende von einigen Exemplaren aus dem polnischen Białowieża-Nationalpark ist das größte Säugetier Europas inzwischen wieder mit knapp drei Dutzend Exemplaren auf dem gut 1400 Meter hohen Hochplateau vertreten, geschützt vom Zaun der Réserve des Bisons d'Europe. Besucher werden im von Pferden gezogenen Planwagen über das Gelände geschaukelt.

Auch die Geier sind zurück. 1940 wurden die letzten Gänsegeier über der Mondlandschaft der Hochebenen und in den Felshängen der Gorges de la Jonte gesichtet, erklärt Constant Bagnolini. Der Ornithologe von der Maison des Vautours ist stolz darauf, dass das gänsegeierlose Intermezzo nur bis 1981 währte. Aus einem halben Dutzend aus Spanien stammenden Gänsegeiern ist seit der Wiedereinführung eine Population von 650 Paaren erwachsen. Hinzu kommen knapp 300 Paare Mönchsgeier, zwei Paare Schmutzgeier und ein Bartgeierpaar.

Die über der Felskante der Jonte-Schlucht schwebende Geierbeobachtungsstation ist eine erste Adresse für Ornithologen aus aller Welt und ein Ausflugsziel für Besucher. Für sie alle richtet Constant Bagnolini auf der Aussichtsterrasse das Fernrohr auf die in Felsspalten und auf Felsnadeln gebauten Geierhorste und beantwortet Fragen zum Habitat der aasfressenden Raubvögel.

INFO

WEITERE INFORMATIONEN

Les Loups du Gévaudan: loupsdugevaudan.com
Réserve des Bisons d'Europe: bisoneurope.com
Maison des Vautours: vautours-lozere.com

28

MONTS D’ARDÈCHE

ZUCKERHÜTE UND KASTANIEN

Riesige Basaltströme, tiefe Maare, zerfurchte Krater und *suc* genannte Vulkanberge: In den Monts d’Ardèche ist das Erbe feuriger Urzeiten allgegenwärtig. Zwar sind die dortigen Vulkane deutlich jünger als jene der Auvergne, aber nicht minder eindrucksvoll. Und noch einsame Naturjuwelen im Kastanienreich!

Das Natur- und Kulturerbe der Vulkanberge im Norden des Départements Ardèche schützt auf einer Fläche von 2280 Quadratkilometern seit 2001 der regionale Naturpark der Monts d’Ardèche. Tiefe Schluchten, Wälder, Flüsse und traditionelle Dörfer prägen die Landschaft. Seltene und gefährdete Arten wie der Eurasische Luchs und die Kleine Hufeisenfledermaus sind dort heimisch. Wer den zahlreichen ausgeschilderten Wander-, Rad- und Reitrouten folgt, erlebt auf engstem Raum ein faszinierendes Wechselspiel von rauen und lieblichen Landschaften, von sanft gewellten Hügelketten und wie Zuckerhüte aufragenden Bergkegeln.

Das Wahrzeichen des Naturparks ist der 1531 Meter hohe Kegel des erloschenen Vulkans Mont Gerbier-de-Jonc. Leuchtend gelb recken sich Königskerzen aus blumenübersäten Wiesen. In einer windschiefen Hütte, die aus dem schwarzen Basalt der Vivarais-Vulkane errichtet wurde, drängen sich Touristen. Hier entspringt die Loire, der längste Fluss Frankreichs. Doch nicht nur hier. Wenig weiter markiert ein Monument, das der Touring Club de France 1938 aufgestellt hat, die *source authentique*, die »echte« Quelle. Etwas weiter sprudelt auf einer Weide die *source véritable* empor – die »wahre« Quelle, festgehalten im Katasterauszug Nr. 87 und auf einem Gedenkstein mit der Inschrift *»Ici commence ma longue course vers l’Océan«*. Doch schon nach drei Kilometern, bei der Ferme de Cagnard im Dörfchen Sainte-Eulalie, vereinigen sich die drei Quellen zur Loire, die vom Zentralmassiv an Nevers vorbei nach Norden fließt, bei Orléans scharf nach Westen abbiegt und nach 1006 Kilometern bei Saint-Nazaire in den Atlantik mündet.

Dome und Kuppen

»Suc« heißen in den Monts d’Ardèche diese Vulkandome, die vor zwölf bis acht Millionen Jahren entstanden, als die heiße Lava nicht abfließen konnte und beim Abkühlen solche Dome und Kuppen bildete. In nächster Nachbarschaft von Mont Gerbier-de-Jonc steht ein solches Quintett: Montfol (1594 Meter), Sépoux (1530 Meter), Séponet (1534 Meter), Taupernas (1602 Meter) und Lauzière (1582 Meter). Auch der Suc de Montivernoux ist ein vulkanischer »Zuckerhut«. Bei Lachamp-Raphaël, dem höchstgelegenen Ort des Départements Ardèche, ragt er 1441 Meter in den Himmel und eröffnet weite Blicke auf die Alpen und den Mont Ventoux.

Beim Abkühlen kristallisierte die heiße Lava der Sucs zu Phonolith. Was das grau-grüne Gestein so besonders

→ Inmitten der Roches de Borée erhebt sich der Suc de Touron als Vulkankegel aus blauem Phonolith.

← ↙ Jahrhundertelang hing das Wohlergehen der Menschen im Département Ardèche von der Kastanie ab. Bis heute wird die Frucht dort sehr geschätzt.
↘ Ein wahrhaft romantisches Schauspiel: ein Sonnenuntergang am Lac d'Issarlès

macht, ist im Botanischen Garten Schellerhau von Altenberg in Sachsen zu hören. Dort wurde aus seinen Platten ein Lithophon gebaut, ein Xylofon aus klingendem Stein. In den Monts d'Ardèche wiederum wurden aus dem Phonolith einst Schindeln für die Dächer der Bauernhöfe geschnitten.

Die Sucs sind die ältesten Vulkane der Monts d'Ardèche. Eine zweite Phase der vulkanischen Tätigkeit begann vor sechs bis acht Millionen Jahren im Coiron-Massiv bei Privas. Davon zeugt die Roche de Gourdon, die sich als imposanter Überrest eines Basaltflusses 1061 Meter hoch im Geopark der Monts d'Ardèche erhebt. Am Fuße des markanten Berges taucht der Sentier géologique entre mer et montagne von Saint-Etienne-de-Boulogne tiefer in die Geologie ein und lässt 500 Millionen Jahre Erdgeschichte beim Wandern über Wiesen, Weiden und durch uralte Kastanienhaine hautnah lebendig werden. Die Kastanie ist der Brotbaum der Ardèche. Zur Blütezeit um 1860 bedeckten die *châtaigniers* auf Terrassen dort 60.000 Hektar. Heute bewirtschaften die letzten 1000 Kastanienbauern nur noch die Hälfte der Fläche, ernten aber mit 6000 Tonnen jährlich immer noch die meisten Esskastanien Frankreichs.

Orgeln, Krater und Maare

Die jüngsten Vulkane des Naturparks befinden sich im Süden, wo vor 120.000 bis 40.000 Jahren die Erde kochte und Vulkane mit eindrucksvoll gezackten Kratern wie Jaujac oder Aizac hinterließ, deren ausgestoßene Basaltströme majetästische Basaltorgeln bildeten. Gerade mal 10.000 Jahre her ist es, als die Erde zum bisher letzten Mal Feuer in der Ardèche spukte – beim Souilhol-Vulkan von Meyras. Die Krater anderer Vulkane bilden malerische Maare wie die 150 Meter tiefe Vestide du Pal oder Kraterseen wie den kreisrunden Lac d'Issarlès auf 1000 Meter Höhe.

In Péreyres hat es der Bourges-River geschafft, sein Wasser durch die Basaltströme zu zwängen und dabei den schönsten Wasserfall des Naturparks zu schaffen: die Cascade du Ray-Pic mit ihren zwei 60 und 30 Meter langen Fällen. 20 Kilometer südlich treffen in Pont-de-Labeaume das Ardèche-Tal und das Fontolière-Tal zusammen. Auch dort flossen vor Jahrmillionen zwei Lavaströme aus den Vulkanen Coupe de la Fialouse und Souilhol, füllten die Täler – und überlagerten sich durch den zeitlich versetzten Abfluss.

Und auch in Antraïgues-sur-Volane, wo der französische Chansonsänger Jean Ferrat lebte, ist das Erbe der Vulkane allgegenwärtig. Am Ortseingang erhebt sich an der Route Départementale 578 der Rocher du fromage. Bei diesem »Käsefelsen« handelt es sich um einen etwa zwölf Meter hohen »Berg« aus Basalt, der zeigt, wie hoch einst der Basaltstrom aus dem Coupe-d'Aizac-Vulkan das Volane-Tal gefüllt hat. Heute plätschert dort ein Wasserfall über den Basalt: die Cascade de l'Espissard.

INFO

FRANKREICHS BERÜHMTE MARONENCRÈME

Clément Faugier machte die Kastanie zur Leckerei. 1882 erfand der Konditormeister aus Privas ein industrielles Verfahren für die Herstellung der glasierten Maroni, die bereits am Hof Ludwigs XIV. sehr geschätzt waren. Drei Jahre später kam er auf die Idee, wie er den Bruch nutzen könnte, der bei der Herstellung der glasierten Früchte entstand. Er ließ ihn zerkleinern, versetzte ihn mit Maronenmark, Konfiseriesirup, Zucker und Vanille – und kreierte so die berühmte Crème de Marrons de l'Ardèche.
clementfaugier.fr

CASTANEA – ESPACE DÉCOUVERTE DE LA CHÂTAIGNE D'ARDÈCHE

Die Kastanie wird alljährlich vom 15. September bis 15. November geerntet, was in den Dörfern der Monts d'Ardèche mit den »Castagnades«, großen Volksfesten, gefeiert wird. Die *châtaigne d'Ardèche* erhielt 2006 die AOC-Anerkennung, 2014 das AOP-Siegel für frische und getrocknete Kastanien und Kastanienmehl. Mit Ausstellungen, Ateliers und Kursen und einem Kastanienshop bringt Castanea die Herbstfrucht näher.
castanea-ardeche.com

WEITERE INFORMATIONEN

parc-monts-ardeche.fr

Edelkastanien sind die Brotbäume des Midi.

29

GORGES DE L’ARDÈCHE

DIE KRAFT VON WASSER UND ZEIT

Die Schlucht der Ardèche zeigt die Urgewalt der Natur in einzigartiger Pracht. Der weltberühmte Canyon zeugt von der unglaublichen Kraft von Wasser und Zeit und bildet eine atemberaubende Wildnis aus hoch aufragenden Klippen, der sich schlängelnden Ardèche und einer außergewöhnlichen Flora und Fauna.

Die Ardèche entspringt auf einer Höhe von 1467 Metern in der Nähe des Col de la Chavade im Wald von Mazan. Auf ihrem 125 Kilometer langen Lauf nimmt sie den Chassezac und die Beaume als Nebenflüsse auf, gewinnt an Kraft und fräst sich immer tiefer in das Kalksteinplateau ein. Im Laufe der Millionen von Jahren hat sie so die berühmten Schluchten zwischen Vallon-Pont-d’Arc und Saint-Martin-d’Ardèche geschaffen. Oberhalb von Pont-Saint-Esprit mündet sie danach in die Rhône. Die Entstehung der 30 Kilometer langen Schlucht begann vor rund 70 bis 80 Millionen Jahren in der späten Kreidezeit. Die Erosion setzt sich bis heute fort. Tag für Tag dringt Wasser in den Kalk ein und löst ihn auf. Tag für Tag schleift die Strömung das Flussbett immer weiter aus. Tag für Tag ändert die Schlucht der Ardèche unmerklich ihr Gesicht.

Das Wahrzeichen

Ihr Wahrzeichen ist der Pont d’Arc, ein kolossaler Natursteinbogen, 60 Meter hoch und 54 Meter breit. Im goldenen Licht des Sonnenauf- und -untergangs strahlt der Pont d’Arc geradezu eine mystische Aura aus. Das müssen auch die ersten Menschen empfunden haben, die in den Gängen und Kammern der Grotte Chauvet Mammuts, Wollnashörner, Höhlenlöwen, Bisons, Pferde und Eulen hinterließen. Mit ihren Fingern und Pinseln aus Pflanzenfaser malten sie die Tiere mit Holzkohle, Mangandioxid und Eisenoxid so detailgetreu, dass ihre Bewegung und ihr Wesen spürbar werden. 36.000 Jahre alt sind diese Malereien, die hautnah Einblick in das Leben, den Glauben und die spirituellen Praktiken der Aurignacianer geben, die während des Jungpaläolithikums in den Schluchten der Ardèche lebten. Im Dezember 1994 entdeckten Jean-Marie Chauvet, Éliette Brunel-Deschamps und Christian Hillaire die prähistorische Galerie. Um sie für die Nachwelt zu erhalten, ist die ursprüngliche Grotte de Chauvet für die Öffentlichkeit geschlossen. Ganz in der Nähe eröffnete im Jahr 2015 eine originalgetreue Replik, die seither die außergewöhnliche Kunstfertigkeit unserer Ahnen immersiv erleben lässt.

← Weltberühmt: der Natursteinbogen über der Ardeche bei Vallon-Pont-d’Arc

Grotte oder Aven?

Die Kalkplateaus der Ardèche-Schlucht sind durchlöchert wie ein Schweizer Käse. Höhlen mit horizontalen oder leicht abfallenden Gängen und Kammern heißen dort »Grotten«. Bei einer »Aven« hingegen geht es von oben hinein in einen vertikalen Schacht, der im Karst entstand – 121 Meter tief ist er bei Aven d’Orgnac! Mehr als drei Kilometer lang ist sein Labyrinth, in dem Stalaktiten tropfend von der Decke hängen, Stalagmiten majestätisch aus dem Boden ragen und der Sinterfall des Buffet d'Orgues an einen Orgelprospekt erinnert. In seiner Mitte birgt eine Urne die Asche von Robert de Joly, der die Höhle am 19. August 1935 entdeckt hat. Seit 2004 ist sie ein »Grand Site de France«.

Den Schluchten der Ardèche folgt die D 290. Entlang der Panoramaroute sind mehrere Aussichtspunkte anlegt. Tiefer hinein führt ein dichtes Netz an Wanderwegen. Sie verlaufen entlang der Canyonkante, leiten hinunter zum Fluss und führen in Nachbartäler wie das Vallée du Tiourre, wo vom Weiler Charmes ein Waldweg zur Quelle der Tiourre führt, quer durch das Gestrüpp der Garrigue. Die Luft ist erfüllt vom Duft von Thymian, Lavendel und Oregano. Winzige Blumen blühen leuchtend lila zwischen den niedrigen, wilden Buchsbäumen.

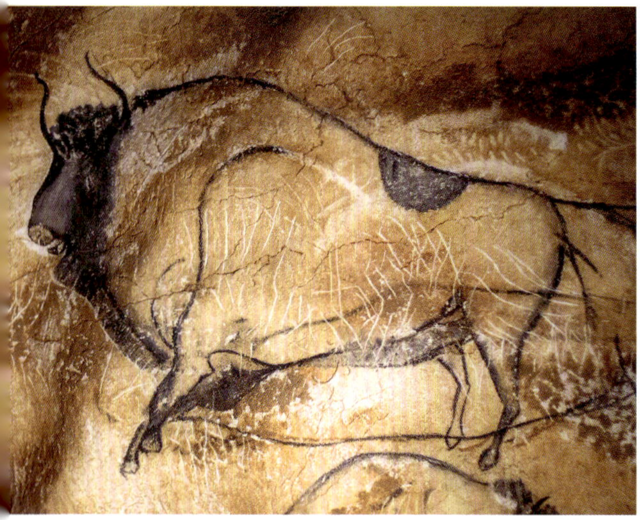

Am Pont d'Arc starten Paddeltörns durch die Gorges de l'Ardèche. Nach der Schneeschmelze entwickelt die Ardèche richtig Temperament. Im Sommer zeigt sie sich ruhig und behäbig – und verführt dazu, in ihre Fluten zu springen. Profis schaffen die 30 Kilometer lange Tour durch die Schlucht mit ihren 25 Stromschnellen in sieben Stunden. Genießer lassen sich zwei Tage Zeit, rasten an einsamen Kiesstränden und campieren auf den beiden offiziellen Lagerplätzen Gaud und Gournier.

Rückzugsort der Tierwelt

Im zerklüfteten Gelände der Gorges de l'Ardèche haben zahlreiche Tierarten Schutz gefunden. In abgelegenen Ecken des Flusses jagt der Eurasische Fischotter im klaren Wasser. Steinadler schweben majestätisch über ihnen und suchen mit scharfen Augen das Gelände nach Beute ab. Dem Europäischen Wespenbussard schmecken besonders Bienen, Wespen und deren Larven. Tagsüber kreuzen Wildziegen den Weg, nachts sind die Dachse aktiv. In der Sommerhitze ist die Luft erfüllt vom Zirpen der Zikaden, und leuchtend grüne Smaragdeidechsen nehmen Sonnenbäder auf den Steinen. Seltener zu sehen sind Feuersalamander. Die schwarzen Lurche mit den auffällig gelben oder orangefarbenen Flecken lieben feuchte, kühle Orte – und besonders Höhleneingänge.

Im Frühling überziehen Wildblumen den Talboden mit einem Blütenteppich. Im Herbst setzt die Laubfärbung von Kastanie, Rotbuche, Stieleiche, Bergahorn und Wildkirsche warme Gold- und Purpurtöne in den immergrünen Wald. Im Winter herrscht eine stille Ruhe. Nur Schneeflocken tanzen gelegentlich in der frostgeküssten Landschaft. Die Schlucht im Wandel der Jahreszeiten – faszinierend!

↖ Die Felsenkunst der Grotte Chauvet lässt sich heute in einem Nachbau der berühmten Grotte bewundern.
← Die Tropfsteinhöhle Aven d'Orgnac bei Orgnac ist ein Touristenmagnet.
↗ Die Ardèche-Schlucht in Klein: der Chassezac bei Malarce-sur-la-Thine

INFO

KLEINE SCHWESTER DER ARDÈCHE

Bei Les Vans hat der Chassezac eine zweite spektakuläre Schlucht geschaffen, die bei einer Sieben-Kilometer-Paddeltour erkundet werden kann. Ruhig gleitet man an hohen Kalkklippen vorbei. Nach einer Stunde tauchen die Stromschnellen von Rouchetou und Dalles auf. Am Ufer taucht der Bois de Païolive auf, dann ungewöhnliche Felsformationen wie L'ours et le lion (Der Bär und der Löwe). Die Mazet-Stromschnellen sind die letzte Herausforderung vor der Brücke von Mazet.
ceven-aventure.com, cevennes-ardeche.com/cevennes-dardeche/vous-allez-adorer/les-gorges-du-chassezac/

DORFJUWELEN

Zahlreiche malerische alte Dörfer säumen nördlich der berühmten Hauptschlucht den Lauf der Ardèche. Balazuc und Vogüé haben die prestigeträchtige Auszeichnung als »schönste Dörfer Frankreichs« erhalten. Balazuc klebt rund um die Reste einer Burg mit einem Labyrinth aus übereinandergeschachtelten Häusern an einem 80 Meter hohen Steilhang der Ardèche. Weiter flussaufwärts wacht in Vogüé das Château de Vogüé mit seinen vier Rundtürmen über das alte Dorf. Der einstige Stammsitz der Barone des Languedoc birgt heute ein Museum.
les-plus-beaux-villages-de-france.or

Das imposante Château de Vogüé im gleichnamigen Mittelalterdorf

30

PARC NATUREL RÉGIONAL LIVRADOIS-FOREZ

AUF DER SONNENSEITE

Hier geht die Sonne auf! Im Osten der Auvergne begrüßt der Parc naturel régional Livradois-Forez seit 1986 jeden Tag. In den drei Départements Puy-de-Dôme, Haute-Loire und Loire schützt er seit 1986 ein faszinierendes Kaleidoskop aus Mittelgebirgslandschaften, die noch wild, weit und ursprünglich sind.

Mit 320.000 Hektar ist er einer der größten regionalen Naturparks in Frankreich. Er grenzt an Clermont-Ferrand und Vichy und umfasst Thiers, die Hauptstadt des Bestecks, die Knoblauchhochburg Billom, Ambert mit seinem Rathaus in der gleichen runden Form wie sein Blauschimmelkäse sowie La Chaise-Dieu mit seiner ehemaligen Benediktinerabtei.

Während die Region in den letzten Jahrhunderten unter einer massiven Abwanderung ihrer Bevölkerung litt, erlebt der Landstrich heute eine Zuwanderung aus allen sozialen Schichten und Altersgruppen. Sie alle eint der Wunsch nach einem Leben im Einklang mit der Natur und in sozialem Frieden, weit weg von der Hektik und den Umweltbelastungen der Stadt. Französische Soziologen sagen, dass die neuen Einwohner von Livradois-Forez Reisende sind. Sie bringen ihre Erfahrungen und Geschichten mit und bilden eine neugierige und offene Bevölkerung, der es zunehmend gelingt, sich in die alten gewachsenen Strukturen zu integrieren und sie zu verändern. Nachhaltige Landwirtschaft, Wiederaufforstung und der Schutz bedrohter Arten gehören dabei ebenso dazu wie die rurale Renaissance von Dörfern und Städten oder Programme für ein besseres soziales Miteinander. Während andernorts Naturparks auf wirtschaftliches Wachstum dank Tourismus setzen, will Livradois-Forez sich zukunftsorientiert in allen Bereichen entwickeln und Vorbild sein für die Welt von morgen.

Uralte Landschaften

Die Landschaft des Livradois-Forez ist Teil des Zentralmassivs und entstand während der variszischen Gebirgsbildung im Paläozoikum vor rund 300 bis 360 Millionen Jahren. Viele Jahrmillionen später hob das Spiel der Kontinentalplatten die Erdkruste, schuf bei der alpidischen Orogenese neue Gebirgszüge und bereitete den Boden für vulkanische Aktivitäten, die das Zentralmassiv vom Paläozoikum bis ins Känozoikum prägten.

Im Mesozoikum, insbesondere in der Jura- und Kreidezeit vor etwa 201 bis 66 Millionen Jahren, muss der PNR Livradois-Forez ein atemberaubendes Feuerland gewesen sein. Sein Erbe ist eine enorme Vielfalt an Böden und Landschaften mit Vulkankegeln, Lavaströmen und den sechseckigen Basaltsäulen des Mont-Peloux, die an Orgelpfeifen erinnern. Doch der schönste Zeuge dieser turbulenten Zeiten ist ein Vulkan in den Devès-Bergen bei Allègre: der Mont Bar. 790.000 Jahre ist er alt, umhüllt von dichtem Buchenwald. In 1175 Meter Höhe birgt er ein europaweit einzigartiges Biotop: ein Torfmoor in einem Krater. Libellen tanzen zwischen den Faden-Seggen.

→ Die Abtei von La Chaise-Dieu ist im Sommer Bühne für ein renommiertes Musikfest.

← Nur noch Ruine: die Burg von La Poterne im Parc naturel régional Livradois-Forez
↙ Die Kirche von Allegre im Livradois-Forez-Naturpark
↘ Blick auf Thiers, die Hauptstadt der Messerschmiedekunst seit dem 15. Jahrhundert, vom Pont du Navire an der Durolle

Das ganze Jahr hindurch überrascht der PNR Livradois-Forez mit der Vielfalt seiner Flora. Mehr als 2500 Pflanzenarten wurden hier dokumentiert, darunter seltene Orchideen, Heilkräuter und endemische Pflanzen, die nirgendwo sonst auf der Welt vorkommen, etwa die Knautie du Forez, eine lokale Variante der krautigen Witwenblume mit leuchtenden, büschelförmigen Blüten.

Im Frühling und Sommer überzieht ein strahlender Blütenteppich die weiten, offenen Hochgebirgswiesen und Heiden der Hautes-Chaumes du Forez und lockt Schmetterlinge, Bienen und andere Bestäuber an. Das tiefer gelegene Rez-de-Sol bildet das landwirtschaftliche Kernland des Parks mit Feldern, auf denen Weizen, Mais und Sonnenblumen angebaut werden – und gelegentlich auch Wein.

Der Korridor des Naturparks

Das Tal der Dore, seit der Antike Handels-, Produktions- und Verkehrsachse zwischen der Messestadt Thiers und Ambert, ist seit Jahrhunderten die geschäftige Lebensader des Parks. Am Oberlauf des 140 Kilometer langen Flusses führt ein ausgeschilderter Themenweg von den Mühlen von Vernet und Piers zu den Steinbrüchen von Aubapeyre und erzählt von den Anfängen der Industrialisierung. Ebenfalls am Oberlauf lassen sich die Schluchten der Dore auf einer 8,5 Kilometer langen Rundwanderung ab Tours-sur-Meymont entdecken. An steilen Hängen erzählen verlassene Terrassen vom mühsamen Arbeitsalltag der Bauern.

Nach Coupière wird das Tal weiter und die Dore fließt behäbig weiter bis zum Allier, in den sie bei Mons einmündet. In Senken erinnern kleine Teiche daran, dass einst Kies, Sand und Ton gewonnen und seit der galloromanischen Zeit für die Herstellung von Töpferwaren und die Häuser aus Stein und Stampflehm verwendet wurden.

Die Urstromtäler von Fossat und Reblats formten während der letzten Eiszeiten mächtige Gletscher. Sie hinterließen Täler in typischer U-Form mit steilen Seiten und flachen Talsohlen. Ihr Schmelzwasser speiste kristallklare Flüsse, in denen sich Fischotter und Forellen tummeln. Die Seen des Naturparks sind Stauseen – in Chaise-Dieu und Thiers mit seinem Strandbad an der Dore ebenso wie in Cunlhat, Saint-Anthème, Saint-Rémy-sur-Durolle und Aubusson d'Auvergne, dem größten der Wasserreservoires im Naturpark. Schlangenadler und Wanderfalken kreisen dort gerne am Himmel.

Reh, Wildschwein und Rotfuchs streifen frei durch die Forêt de Comté, den größten Eichenwald der Auvergne. Beim Pierre-sur-Haute schwingen sich die Berge von Forez und Livradois bis auf 1634 Meter hoch – höher ist keine Spitze im Naturpark. Einzigartig ist dort auch die Aussicht von den Vulkanbergen der Chaîne des Puys über die Limagne-Verwerfung, das Massiv von Sancy bis zu den Bergspitzen der Alpen am Horizont.

INFO

DIE MESSER VON THIERS

Capitale de la coutellerie nennt sich Thiers stolz – und beansprucht selbstbewusst den Ruf als Messerhauptstadt für die ganze Welt. Seit dem Mittelalter werden hier Messer und Bestecke von höchster Qualität hergestellt. Zu den ältesten und angesehensten Messermachern gehört Au Sabot, der seiner Heimatstadt ein eigenes Messermodell gewidmet hat: Le Thiers. Cognet hat sich auf die Herstellung hochwertiger Taschenmesser und traditioneller Klappmesser spezialisiert. Der Name Cyril Ganivet wiederum steht als Synonym für exklusive, handgearbeitete Klingen. Claude Dozorme ist heute die drittgrößte Manufaktur für Laguiole-Messer in Frankreich – und wird als einzige von einer Frau geführt: Claudine Dozorme.

ROUTE DES MÉTIERS

Die »Route des Métiers« folgt den Spuren der Menschen und Berufe, die den Naturpark Livradois-Forez geprägt haben – nicht als Themenroute, sondern als Netzwerk von Handwerkern und Kunsthandwerkern, Züchtern und nachhaltig arbeitenden Landwirten. Sie zählt rund drei Dutzend Mitglieder, und alle haben ihre Höfe, Werkstätten, Ateliers und Studios für Besucher geöffnet, die die Stücke auch erwerben können. routedesmetiers.fr

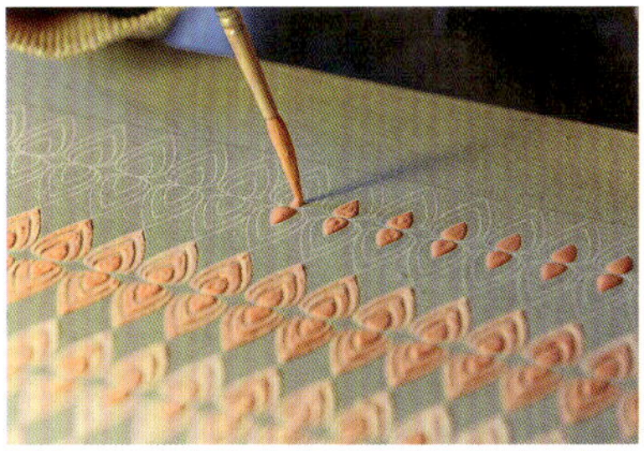

Billom ist eine Hochburg der Region für Emaillekunst. In Geschäften können Besucher den Kunsthandwerkern bei ihrer Arbeit zusehen.

31

GORGES DE L'AVEYRON

WANDERER, KOMMST DU IN DIESE SCHLUCHT

Tief im Südwesten Frankreichs windet sich der Aveyron ungehalten in seinem Bett. Von Belcastel bis Bruniquel sind seine Ufer oft frei von Straßen, und nur die Fernwanderwege GR 46, GR 36 und GR 62 erlauben den Zugang in die Gorges de l'Aveyron, die dramatisch schöne Schlucht des unteren Aveyron.

Der Einstieg in die Schlucht kann manchmal ganz einfach sein. In Najac braucht man nur ein schmiedeeisernes Gartentor unterhalb des Gasthofs L'Oustal del Barry aufzustoßen, den Hang hinunterzuschlottern, um sich nach Erreichen der Talsohle immer an den rot-weißen Doppelbalken des »Chemin de Grande Randonnée«, kurz GR 36, zu halten. Fortan hält der Fernwanderweg 36 mit dem verschlungenen Lauf des Aveyron mit. *Voilà.*

Wegen seines schroffen Felsbetts und des niedrigen Wasserstands ist der Aveyron nicht schiffbar und entzieht sich mit unsicheren Steilkanten der Annäherung durch Uferstraßen. Es ist ein Landstrich auf der Scheide zwischen Zentralmassiv und aquitanischer Ebene, dabei nicht so ruppig wie das Erstere und nicht so weinselig wie das Letztere, dafür ein fast menschenleeres Land, wo die bäuerliche *France profonde* fröhliche Urständ feiert. Was sich in jedem der meist hoch über dem Ufer thronenden Dörfern überprüfen lässt.

Schlüssel zum Midi

Najac zählt zudem zum Kreis der »schönsten Dörfer Frankreichs«. Längs der einzigen Dorfstraße, die sich wie ein gewaltiger Drache über einen schmalen Steinkamm wellt, reihen sich die restaurierten Häuser von Aussteigern und Ferienhausbesitzern. Die Burg am höchsten Punkt des Dorfs galt den Grafen von Toulouse als »Schlüssel zum Midi«. Tief unter dem stolzen Gemäuer glitzert der Aveyron durchs Blätterdach undurchdringlicher Wälder.

Erbauliche Sprüche eines Kreuzwegs und eine Gedenktafel an just dem Ort, wo Louis XIII. 1622 nur knapp einer Kanonenkugel entgangen ist, begleiten den Abstieg nach Saint-Antonin-Noble-Val. Der gerade 21-jährige König war persönlich bei der Belagerung der Stadt am Aveyron zugegen, bass erstaunt über den zähen Widerstand der protestantischen Bürger gegen die katholische Staatsmacht. Ob er auch die theatralische Lage des Orts vor einer knochenbleichen Klamm des Aveyron genießen konnte? Hoffentlich!

Keine Menschenseele weit und breit, dafür auf der Gasse in Bruniquel zwei Pinscher, die die ergraute Schnauze zum Jammergeheul in die Luft halten. Längst hat man gelernt, auf Hunde am Wegrand beruhigend einzureden. Hat sich nach den vielen Kilometern durch knorrige Eichenwälder und über steinige Wege auf mögliche Gatter eingestellt. Hievt mit beherztem Griff das Hindernis aus dem Weg und schließt es wieder. Geübt ist geübt, nicht nur beim Gatter.

INFO

BASTIDEN DES ROUERGUE

Najac, Sauveterre-de-Rouergue, Villefranche-de-Rouergue, Le Bas-Ségala, Villeneuve d'Aveyron, Rieupeyroux – die Bastiden der alten Provinz Rouergue sind Zeugnisse für den Urbanisierungsschub, der den Südwesten im Hochmittelalter neu ordnete. Mit dem städtebaulichen Masterplan sollte der nach dem Kreuzzug gegen die Albigenser entvölkerte und verwüstete Südwesten Frankreichs wiederaufgebaut werden. Die Association des Bastides du Rouergue bietet Führungen in allen sechs Orten an.
bastidesdurouergue.fr

BOULANGERIE DELMUR

Die *Fouace de Najac*, ein mit Marzipan gefüllter und mit Orangenblüten verfeinerter Hefekranz, erhebt Najac in den von höchst ministeriellen Weihen abgesegneten Kreis der »Sites remarquables du Goût«, der Orte also, die mit einem Produkt für ein außergewöhnliches Geschmackserlebnis stehen. In der weit über Najac hinaus bekannten Bäckerei Delmur gibt es die *Fouace* von 500 Gramm bis zwei Kilo, aber ohne Konservierungsstoffe.
amisdenajac.fr/boulangerie-maison-delmur-retour.html

← Die Lage von Najac über der Schlucht des Aveyron ist spektakulär, das Dorf selbst ein Schmuckstück, an dem kein Wanderer vorbeigehen möchte. ↑ Auch Bruniquel kann sich sehen lassen. Also noch ein Wanderstopp.

Beeindruckendes Schauspiel: Alpenglühen am Pic du Midi d'Ossau im Parc national des Pyrénées

DER SÜDWESTEN

Abwechselnd geht es hoch hinauf in die Gipfelwelt der Pyrenäen und immer wieder ans Wasser, ob an den Atlantik oder ans Mittelmeer.

32

MARAIS POITEVIN

STAUNEN IM SUMPF

Mit 970 Quadratkilometern ist das zweitgrößte Feuchtgebiet Frankreichs flächenmäßig mehr als doppelt so groß wie die Lagunenstadt. 4000 Kilometer lang ist das Netz seiner *conches* genannten Kanäle!

Die amphibische Landschaft zwischen der Bucht von Aiguillon und der einstigen Lederhochburg Niort ist ein von Menschenhand geschaffenes Naturwunder, das sich über drei Départements – Vendée, Deux-Sèvres und Charente-Maritime – und zwei Regionen erstreckt.

Noch im Mittelalter wogte hier der Atlantik im Golfe des Pictons. Doch je mehr sich das Meer zurückzog, desto mehr machten sich die Mönche daran, den sehr fruchtbaren Boden urbar zu machen. Sie bauten Deiche, Schleusen und Kanäle und entwässerten das Mündungsgebiet der Sèvre Niortaise. Um 1200 entstanden so die ersten landwirtschaftlichen Parzellen. Heinrich IV. unterstützte die Trockenlegung des Marais Poitevin und holte sich dafür die Hilfe der Holländer. Sie verwandelten Teile der Sümpfe in eine Polderlandschaft mit Deichen.

Seit 2010 ist der Marais Poitevin ein »Grand Site de France«. Ein regionaler Naturpark schützt seine drei einzigartigen Biotope: den Seesumpf *(marais maritime)*, den trockengelegten Sumpf *(marais desséchés)* und den feuchten Sumpf *(marais mouillés)*.

← Blick über den Sèvre Niortaise auf Niort am Rande des Sumpfgebiets Marais Poitevin

Der *marais desséchés*

Den größten Teil des Parc régional Marais Poitevin macht mit 70 Prozent der *marais desséchés* aus, der trockengelegte Sumpf nördlich und südlich der Sèvre-Mündung. Ein dichtes Netz von Dämmen und *bondes* genannten Sperrwerken mit hydraulischen Pumpen schützt ihn vor Überschwemmungen. In seinen weiten, offenen Landschaften sind Bäume selten. Nur wenige Tamarisken und Dornbüsche säumen die Gräben und Kanäle mit ihren Schilfgürteln, die Vögeln, Insekten und Fledermäusen Schutz und Nahrung bieten. Auf den Bauernhöfen entlang der Straßen und Kanäle wurden einst die Poitevin-Mulassier-Kaltblüter und der Baudet du Poitou gezüchtet, der zottelige braune Esel des Poitou. Heute erstrecken sich hier riesige Weizenfelder. Dann wieder weiden Charolais-Rinder auf den weiten Weiden und setzen helle Punkte in das endlose Grün.

Der *marais mouillés*

Nur noch 32.200 Hektar groß ist der eigentliche Spreewald von Frankreich, den ein 4000 Kilometer langes Netz von Kanälen durchzieht. Zur Befestigung der Ufer pflanzten die Mönche Erlen, Eschen und Pappeln. Gelb leuchten die Schwertlinien, weiß und rosa die Seerosen. Tief hängen die Äste. Eine Entenfamilie mit Nachwuchs schwimmt vorbei. Dann taucht eine Bisamratte auf, schaut sich kurz um und verschwindet so schnell, wie sie gekommen war. Auch Hirsche stehen hier gerne am und im Wasser. Fischotter indes sind selten. 34 Fischarten leben in den Gewässern des Sumpfgebiets. Einige wandern zwischen dem Salzwasser des Atlantiks und dem Süßwasser, andere bevorzugen das ruhige Wasser der Kanäle. Und hoffen, nicht am Haken der Angler zu landen.

Hinter dem urwaldartigen Grün öffnen sich Lichtungen mit Wiesen, Weiden und Feldern. Kühe grasen dort. Kaninchen flüchten hüpfend davon, wenn sich ein Boot nähert. Bis zu 250 Hektar groß können die Überschwemmungswiesen sein, auf denen mehr als 100 Pflanzenarten nachgewiesen wurden – vom giftigen Hahnenfuß bis zum Gottes-Gnadenkraut. Sie sind allesamt Gemeingut. Gegen Zahlung einer Pacht dürfen die Züchter auf der Allmende ihre Tiere weiden lassen, falls eigenes Land fehlt. Jedes Frühjahr werden die Weiden offiziell eröffnet. Im Herbst kehren die Tiere in die Scheune zurück, bevor der Boden zu nass wird.

Hin kommt das Vieh bis heute per Boot. Um besser anlegen zu können, ist der Bug nicht spitz, sondern gerade. Mit solchen meist schwarz gestrichenen Flachbooten fahren auch die Gemüsebauern, die *maraîchins*, zu ihren Feldern. Auf den kleinen, von Eschen abgegrenzten Parzellen, bauen sie bis heute das weiße Gold der Sümpfe an: die *mogette*, die Seefahrer im 16. Jahrhundert aus Südamerika mitbrachten. Früher waren die kleinen weißen Bohnen die Beilage zu fast allen Gerichten, denn sie sind nahrhaft – und günstig.

Der *marais maritime*

Im Westen endet der Marais Poitevin an der Bucht von Aiguillon. Aus den Fluten ragen Kalksteininseln auf. Sie gehörten ursprünglich zum Festland und entstanden, als der Ozean den Golfe des Pictons flutete. Dünen rahmen die Bucht mit ihren Naturstränden ein. Die Salzwiesen haben halophile Pflanzen wie Queller, der sich im Herbst rot färbt, erobert. Bei Springtiden überflutet die See diese Schorre.

An der Brandungskante erheben sich die *carrelets*. Die Fischerhütten auf Pfählen sind das Wahrzeichen der französischen Atlantikküste zwischen den Mündungen von Loire und Gironde. An einer Handvoll hoher Holzstangen züchten Emmanuel Mandon und seine Frau Corine Bouchot Muscheln – und servieren die edelsten der französischen Miesmuscheln topfrisch in ihrem Strandlokal La Cabane de Manu. Beider Familien ernten seit Generationen Meeresfrüchte und züchten Austern. Abends inszeniert die Natur über der Bucht ein wahres Feuerwerk, wenn die Sonne im Meer versinkt. Erst golden, dann glutrot, schließlich violett und schwarzblau verabschiedet sich der Tag.

↖ In Coulon starten flache, wenige Ausflugsboote zur Fahrten durch den Marais Poitevin.
← Das Vieh wird im Marais Poitevin wie einst per Boot zur Weide gebracht.
↗ *Carrelets* heißen die hochbeinigen Fischerhütten, die auch an der Baie d'Aguillon die Küste säumen.

INFO

MAGIE IM SUMPF

In Coulon und vielen anderen Orten starten geführte Barkenfahrten durch den Marais Poitevin. Immer dazu gehört ein magischer Zauber: Der Bootsführer setzt mit seiner *pigouille* oder seinem Ruder das Wasser in Brand. Für diesen Trick nutzt er die Natur, konkret die Methangase, die beim Zersetzungsprozess der ins Wasser gefallenen Blätter unter Luftabschluss entstehen. Sobald das Gas an die Oberfläche steigt, zückt der Bootsmann sein Feuerzeug und – hopp – eine Flamme erscheint. Sie fackelt am Boot entlang und erlischt dann schnell. Noch erstaunlicher ist die Vorführung bei einer Nachtfahrt, bei der sich die Farben Blau, Gelb und Orange mit dem Spiegelbild des Wassers vermischen. Ein wahrlich magischer Moment!

HIMMLISCHER ENGELWURZ

Im Marais Poitevin *très branché* – sehr angesagt – ist die Sumpfstaude *l'Angélique*, zu Deutsch Engelwurz. Sie wird als Konfitüre, Confit, Tee, aromatisierter Likör oder in Naturkosmetik angeboten und inspirierte Maxime Guignard vom Schlemmertempel La Belle Étoile in Niort zum Gin-Cocktail L'Angélique. Im Frühjahr feiert Bessines die Pflanze mit seiner »Fête de l'Angelique«, im Oktober lockt »Angéliqu'à Niort« mit Verkostungen. *Goûtez!* Probieren Sie!

***L'Angelique*, auf Deutsch »Engelwurz« genannt, ist eine wahre Wunderpflanze aus dem Sumpf.**

33

DUNE DU PILAT

DIE KÖNIGIN DER SILBERKÜSTE

Mehr als 270 Kilometer lang zieht sich die Côte d'Argent zwischen den Mündungen von Gironde und Adour als naturschönes Band aus wogenden Wellen und breitem Strand, wilden Dünen und würzig duftendem Kiefernwald am Atlantik hin. Genau in der Mitte erhebt sich Europas höchster Sandberg: die Düne von Pilat, ein »Grand Site de France«.

Die Geburt der Düne begann während der letzten Eiszeit vor etwa 18.000 Jahren, als die Gletscher zurückgingen und große Mengen Sand in den Ozean freisetzten. Meeresströmungen trugen dieses Sediment zum Ufer, wo es sich ansammelte und eine riesige Sandbank bildete. Die steten Winde des Atlantiks trugen den Sand landeinwärts. Jede Flut unterstützte das Wachstum der Düne, die innerhalb von 4000 Jahren die heutige Höhe erreichte.

Ihre Maße jedoch ändern sich mit Wind und Wetter. Mal schrumpft sie, mal wächst sie. Im Jahr 2019 erreichte die Dune du Pilat in ihrem zentralen Teil einen Gipfel von 106,4 Metern. 2011 maß das Observatoire de la Côte Aquitaine 108,9 Meter. 2016 wuchs die Düne auf 109,2 Meter an und steigerte sich im Folgejahr 2017 erneut: 110,5 Meter. Doch dann verlor sie wieder an Größe. 2018 maß sie noch 106,6 Meter, 2022 »nur« noch 102,4!

Und sie wandert weiter

Seit 2002 führt das Observatoire de la Côte Aquitaine Buch, um die Morphologie und das Wachsen und Schrumpfen der Düne genauer zu verstehen. Messungen, topografische Studien und Fotos helfen dabei. Neben der Erosion, die besonders an der Küstenlinie aktiv ist, verändert vor allem der Dünenvorstoß die Düne von Pilat: Sie wandert auf den Wald zu – bis zu fünf Meter jedes Jahr. Für diese Verschiebung sorgt hauptsächlich der vorherrschende Westwind. Tagtäglich transportiert er Millionen von Sandkörnern.

Nur wenige Pflanzen können in diesem sandigen, windigen Reich Wurzeln fassen. Dazu gehören das Strandgras, die Strandstechpalme sowie Marramgras, die mit ihren ausgedehnten Wurzelsystemen als natürliche Barriere gegen Erosion fungieren. Im Sommer setzt die Seewinde mit zarten Blüten Farbtupfer in den goldgelben Sand.

Obwohl die Düne von Pilat auf den ersten Blick karg erscheinen mag, wimmelt sie vor Leben. Strandläufer, Möwen und Seeschwalben finden an den sandigen Hängen Schutz und Nahrung. Im Frühjahr und Herbst rasten Zugvögel auf ihrem Kamm. Wirbellose, Reptilien und kleine Säugetiere sind hier zu Hause. Flinke Sandtigerkäfer und Dünenheuschrecken jagen kleinere Insekten, Bienen und Wespen nutzen das sandige Substrat zum Bau ihrer Nester. Die Zauneidechse ist hier so gut getarnt, dass sie kaum auffällt – ganz anders als die Kaninchen, die häufig beim Hoppeln im Sand zu sehen sind –zur Freude der vielen Besucher.

← Wilde Sahara am Atlantik: die Düne von Pilat, bei Sonnenuntergang ein traumhafter Anblick
↓ Ein amphibisches Zwischenreich, das sich am besten vom Boot aus entdecken lässt: die Île aux Oiseaux

INFO

WAS FÜR AUSSICHTEN!
Vom windzerzausten Kamm der 500 Meter breiten Düne schweift der Blick über eine noch ursprünglich wirkende Welt. Gen Norden gleitet er über das Becken von Arcachon hin zum Leuchtturm von Cap Ferret und zur Sandbank von Arguin mit ihrem Wasser, das von klarer Jade bis zu sattem Ultramarin schillert. Gen Osten und Süden erstrecken sich die tiefgrünen Pinienwälder der Forêt des Landes. Besonders bei Sonnenuntergang genießen unzählige Paraglider ihren Anblick aus der Vogelperspektive.

ÎLE AUX OISEAUX
Mitten im Becken von Arcachon, umgeben von unzähligen Tischen der Austernfischer, erhebt sich die Insel der Vögel mit ihren berühmten *cabanes tchanquées*, großen Pfahlbauten mit weißen Fensterläden und Tonziegeldächern. Sie zu betreten ist schwierig – besser lässt sie sich vom Boot aus entdecken. Denn das ganze Eiland besteht aus *slikke* und *schorre*, Schlickmarschen und Salzwiesen.
bassin-arcachon.com/nos-incontournables/les-cabanes-tchanquees/

34

COURANT D'HUCHET

STAATSTRAGENDE GEDANKEN AN NIL UND AMAZONAS

François Mitterrand, der im nahen Soustons ein Landhaus besaß, ließ sich im Morgengrauen den Courant d'Huchet hinunterpaddeln, um klare Gedanken zu fassen. Nur Otter, Bisamratte, Eisvogel, Weißreiher, Zwergdommel und Natter waren Zeuge. Der Rest bleibt ein Staatsgeheimnis.

Der von urwaldartiger Vegetation verschlungene *courant* – so heißen in den Landes die Abläufe der hinter dem Küstensaum gelegenen Seen ins Meer – wurde um 1910 offiziell entdeckt, und zwar vom italienischen Dichter und Schriftsteller Gabriele D'Annunzio. Erste Touristen kamen schon zehn Jahre später, um sich von den Fischern aus Léon auf flachen Booten den nabelschnurartigen Lauf hinunterpaddeln zu lassen.

Alle an Bord!

Heute haben professionelle *bâteliers* – Bootsführer – den Job übernommen, die als Einzige das Recht haben, auf dem Wasserweg in die *Réserve naturelle* einzudringen. Start ist am Étang de Léon, an dessen Ufer der Holzpavillon der Maison de la Réserve als Info-Zentrum zum Naturschutzgebiet dient. Gleich daneben steht der Pavillon des Bâteliers, hinter dem die bunten Bötchen der *bâteliers* liegen.

Es geht über den See ans westliche Ufer, von wo der Courant d'Huchet das Wasser des Étang de Léon in Richtung Atlantik abführt. Die Ufer sind sumpfig, der Courant wird enger und enger. Baumfarn, majestätische Kahlzypressen und rosa blühender Sumpfhibiskus lassen an den Amazonas oder auch den Mississippi denken. Die hölzerne Sperre einer ehemaligen Aalfischerei taucht auf, durch deren Balken der *bâtelier* uns steuert. An einer dicht bewaldeten Flussinsel heißt es umkehren. Da die Strömung flussaufwärts zu stark ist, müssen alle nun aussteigen. Erst nach ein paar Hundert Metern zu Fuß dürfen wir wieder an Bord und erreichen bald den Étang de Léon.

Der zweite Teil der Erkundungstour beginnt an der Pichelèbe-Brücke unweit von Moliets-et-Maa, wo der Pavillon der Réserve naturelle Pichelèbe als zweites Info-Zentrum zum Courant d'Huchet dient. Von hier geht es über einen Wanderweg immer am unteren Courant d'Huchet entlang. Korkeichen und Seekiefern spenden anfangs Schatten. Am Marais de la Pipe ist eine Schutzhütte für Birdwatcher eingerichtet. Enten, Weißreiher, Möwen bevölkern den Sumpf.

Dann tauchen die ersten Dünen auf, und das Grollen des Atlantiks wird lauter. Der Courant d'Huchet windet sich durch mannshohes Schilf und erinnert nun an den Nil. Über den Dünen liegt das Krachen des Atlantiks, in den der Wasserlauf wie befreit mündet. Die Weltreise von Südamerika über den Süden Nordamerikas bis nach Nordafrika ist beendet, der goldgelbe Strand von Moliets ruft.

INFO

BOOTSTOUREN AUF DEM COURANT D'HUCHET

Die von autorisierten *bâteliers* kommentierten Touren mit flachem Holzkahn beginnen neben dem Pavillon der *Réserve naturelle*. Rechtzeitige Reservierung ist vor allem im Sommer empfehlenswert. Besonders am frühen Morgen verfängt der Zauber der Natur, mit einem Hauch von »Out of Africa« auf dem See und Amazonasgefühlen auf dem Courant d'Huchet. reservenaturelle-couranthuchet.org, bateliers-courant-huchet.fr

COURANT DE CONTIS

Auch der bei Contis-Plage in den Atlantik mündende Wasserlauf lohnt die Erkundung. Der Courant de Contis – mit Natura-2000-Label! – kann mit Kanu oder Kajak befahren werden. Zu sehen sind mit etwas Glück Otter und Schildkröten, mit Sicherheit Schilf, Farn, Kahlzypressen, Korkeichen und wilde, intakte Natur. cotelandesnaturetourisme.com

WEITERE INFORMATIONEN

tourismelandes.com

← Ankunft in Moliets-Plage, wo der Courant d'Huchet sich durch ein Dünengebirge schuftet, um bald danach im Atlantik zu verschwinden.
↑ Mit dem Kanu lässt sich der Courant de Contis immer noch am besten erkunden.

Für festen Boden unter den Füßen sorgen am Courant d'Huchet solche Holzstege. Schon zum Schutz der Natur bitte den Weg nicht verlassen! *Merci.*

35

CÔTE BASQUE

DIE KÜSTE DER BASKEN

Goldgelbe Strände, sandige Klippen, schwarzes Flysch, feurige Pimentfelder, winzige Weinberge, sattgrüne Kuhweiden und La Rhune am Horizont: Die nur 38 Kilometer lange Côte Basque zeigt, was das Baskenland so einmalig macht: eine urgewaltige Natur, pikant gewürzt mit baskischem Savoir-vivre.

Grollend rollen die Brecher heran, Sturm peitscht über die Strände, windgebeugt sind die Bäume, voller Gischt Häuser und Straßen. An Tagen wie diesem zeigt der Atlantik im Golf von Biskaya, welche Kraft in ihm steckt. Doch Minuten nach dem großen Guss ist der Himmel blank geputzt, trocknet die Sonne des Südens die funkelnden Regentropfen und scheint die Welt wie neugeboren an der Côte Basque, der legendären Küste der Surfer zwischen der Mündung des Adour und der spanischen Grenze und Biarritz im Herzen. Kaiserin Eugénie machte das einstige Walfängerdorf zum mondänen Badeort. 2019 trafen sich die Weltmächte zum G7-Gipfel im Hôtel du Palais und blickten auf die Grande Plage, an der sich 1957 die ersten Surfer nach dem Vorbild von Prinz Kamehameha auf die Bretter gestellt und die Wellen geritten hatten. 1959 wurde mit dem Waikiki-Club der erste Surfclub Europas gegründet. Heute ist die Grande Plage der Hotspot für Surfer aus aller Welt. Mit seinen Luxusbauten auf steilen Klippen und allgegenwärtigem Bling-Bling lässt Biarritz vergessen, was für ein Naturjuwel die Côte Basque trotz ihrer Urbanisierung ist.

Faszinierende Schatzkammer

Mehr als 800 verschiedene Fische leben hier in den Fluten: zwei Meter lange Thunfische, aber auch riesige Sardinenschwärme. Unter den 27 Walarten ist der Biskaya-Wal besonders selten. Sein Bestand ist auf wenige Hundert Individuen geschrumpft. Das macht ihn zu den am stärksten vom Aussterben bedrohten Walen der Welt.

Mehr als 800 Arten machen zudem die Flora der Côte Basque zu einer botanischen Schatzkammer. Mit dabei ist Sarsaparilla, die Lieblingspflanze der Schlümpfe. An der Mündung des Baldarreta-Baches wächst Brunnenkresse, auf den Feldern von Espelette der schärfste Chili Frankreichs. Wo es sandig ist, leuchten weiß die kleinen Blüten der Strandrauke, dann als rotes Band der giftige Acker-Gauchheil. Dies verrät der Sentier Littoral, der mit Blick aufs Meer der Küste folgt und auf den letzten sieben Kilometern als Corniche Basque ein Unikum präsentiert: Hier liegt das Flysch offen zutage. Die bis zu fünf Kilometer mächtigen, unterseeischen Sedimente drückt die Kollision der iberischen mit der europäischen Kontinentalplatte aus dem Erdinneren nach oben – ein geologischer Lehrpfad stellt dieses Naturwunder vor. Von den Klippen aus ist auch die berühmte, 15 Meter hohe Belharra-Welle zu sehen. Nur echte Profis könne diese Riesenwelle surfen.

INFO

IZADIA

Zwischen der Mündung des Adour und dem Strand am Atlantik präsentieren die Dünen von Anglet, früher Weinberg und Rennbahn, heute als Parc écologique Izadia auf 14 Hektar die wichtigsten Lebensräume der Atlantikküste. Seine Salzwiesen sind Brutplätze für Zugvögel. In den Tümpeln und Sümpfen wimmelt es von Leben – Einblicke gewähren Leihtablets mit virtuellen Animationen. Langsam erholt sich auch der kleine Küstenwald mit seinen Strandkiefern wieder, der Opfer der Flammen geworden war, und auch Igel und Eichhörnchen sind inzwischen zurückgekehrt.

RHUNE

Die Rhune ist der mythische Berg der Basken. Drei Kilometer von Sare entfernt beginnt am Col de Saint-Ignace der Aufstieg auf den 905 Meter hohen Aussichtsgipfel. Zu Fuß dauert es gute zwei Stunden, nur 35 Minuten benötigt die nostalgische Zahnradbahn. Während am Himmel die Geier kreisen, grasen auf den Almen die höchstens 1,32 Meter großen Pferde der Pyrenäen: stämmige Pottoks. Sie sind hier mindestens neun Monate, gemeinsam mit den rot- oder schwarzköpfigen Manech-Schafen mit weißem Fell. rhune.com

← Die Flyschküste der Côte Basque und La Rhune, der Aussichtsgipfel der Basken, am Horizont
↑ Ein nostalgisches Vergnügen: die Auffahrt zum Aussichtsgipfel La Rhune

36

CIRQUE DE GAVARNIE

EINE BRESCHE NACH SPANIEN

Bis auf das charmante Hôtel du Cirque et de la Cascade ist das majestätische Amphitheater des Cirque de Gavarnie von jeglicher Bebauung verschont geblieben. Ferienchalets oder Andenkenbuden? Fehlanzeige! Ein Nationalpark und der Status als Welterbe der UNESCO garantieren dafür, dass das so bleibt.

Für einen Augenblick klingt es, als habe sich ein Flugzeug in die eisige Einsamkeit der Pyrenäengletscher verirrt. Was mit einem tiefen Grollen beginnt, wird zu einem furchterregenden Donnern. Im nächsten Moment verdeckt eine funkelnde Wolke von Schnee- und Eiskristallen die Sonne. Der Cirque de Gavarnie liegt innerhalb von Sekunden im Nebel. Schneemassen, die irgendwo unterhalb der gut 3000 Meter hohen Gipfelkette ins Rutschen gekommen waren, walzen zur Lawine verdichtet in die Kesselsohle. Fassungslos wohnt man dem Naturspektakel bei, aus der sicheren Distanz eines Felsvorsprungs am Hôtel du Cirque et de la Cascade zwar, doch schlagartig konfrontiert mit der mörderischen Gewalt, die die Zentralpyrenäen bereithalten. Der Berg hat zum Prankenschlag ausgeholt.

Hörst Du den Südwind?

La Balaguère heißt der laue Südwind, der im Frühjahr vom Mittelmeer bis zur Nordflanke der Pyrenäen strömt, um dort ähnliche Wetterumstürze einzuleiten wie der Föhn in den Alpen. Gegen Winterende bringt der Wind Skifahrer zum Verzweifeln, weil unter dem warmen Luftstrom die Pisten abtauen. Im bald darauf einsetzenden Frühling lässt er Wanderer hoffen, weil die ersten Wege von Eis und Schnee befreit in die Hochlagen locken. Und zwischendurch die Schnee- und Eismassen in den Cirque de Gavarnie donnern.

Der Cirque, eine nationale Zwangsneurose

»Unmöglich, in Paris von den Pyrenäen zu sprechen, ohne dass der andere sagt: Vous faites le tour des Pyrénées? Alors il faut voir le Cirque de Gavarnie. Ja doch.« So notierte Kurt Tucholsky vor annährend hundert Jahren im »Pyrenäenbuch«. Bis heute sind dergleichen Allgemeinplätze in Paris geläufig. Vor Ort dann gehören bewundernde Ausrufe von magnifique bis grandiose zum festen Repertoire entzückter Besucherkommentare, was den Zeichner und Pyrenäenliebhaber Samivel zu einem legendären Bonmot verleitete. Einer Begleiterin, die Samivel im Anblick des erhabenen Kesseltals mit der Frage traktierte, was es denn Schöneres im Gebirge geben könne, antwortete dieser knapp: »Die Stille, Madame.«

Nicht weniger spitzzüngig attestierte Tucholsky dem Cirque de Gavarnie den zweifelhaften Status einer »nationalen Zwangsneurose«: Hier musste hin, wer sich für bessere Gesellschaft hielt. Schon unter Napoléon III. und nicht zuletzt dank der nach Nähe zu ihrer spanischen Heimat ein Leben lang suchenden Kaiserin Eugénie hatte die touristische Karriere begonnen. Die Herzoginnen von Angoulême und Berry kurten noch etwas früher in den Thermen von Saint-

→ Beim Aufstieg zur Brèche de Roland bietet die Sarradets-Schutzhütte eine nette Einkehr.

← Diese Wanderin hat die Brèche de Roland fast erreicht. Die Felsnadel weist den restlichen Weg.
↙ Wasser kracht hoch über Gavarnie im Cirque d'Estaube den Fels hinunter.
↘ Das Refuge des Sarradets trotzt im Winter Eis und Schnee, im Sommer dem Andrang der Wanderer.

Sauveur, und ließen sich mit dem Esel in den nahen Gebirgskessel bringen, was im postrevolutionären Frankreich als schicklicher galt als die Inanspruchnahme einer Sänfte. Mit selbiger ließen sich nämlich 1675 der Herzog von Maine und Madame de Maintenon von den schwefelhaltigen Quellen in die Berge hochtragen.

Erst mit dem Automobil gelangten vermögende Sommerfrischler in größerer Anzahl nach Gavarnie. Wie die meisten Pyrenäenbäder ringsherum entstand das Dorf in einer Mischung aus behäbiger Belle Époque mit Folkloreversatz in Laubsägearbeit. Während des Entre-deux-guerres, jenen verklärten und nur allzu kurzen beiden Jahrzehnten zwischen Erstem und Zweitem Weltkrieg, stieg Gavarnie zum Tummelplatz der *beau monde* auf. Traurige Zwischenfälle wie der Tod von 22 im August 1923 samt Tourenwagen in die tiefe Schlucht der Gave de Gavarnie abgestürzten Niederländern vermochten dem Erfolg nichts anzuhaben. Noch floh man vor der sommerlichen Hitze in die Berge, statt ihr am Strand nachzueilen, noch begab man sich ins Gebirge zur Thermalkur statt an die Küste zur Thalassotherapie. Seinen Besucherrekord verbuchte der Cirque 1958, als im Sog der Hundertjahrfeiern zur Marienerscheinung in der Grotte zu Lourdes zwei Millionen Besucher einfielen.

Himmlische Einsamkeit

Seitdem ist es deutlich stiller geworden. Viele Besucher begnügen sich mit einem Spaziergang durchs Dorf. Wanderer haben im Gegenzug den Kessel selbst oft für sich allein. Soweit nichts Neues. »Es ist ein bisschen mühselig, und der Franzose wandert nicht. Daher fern von den großen Straßen wenig Wegweiser, wenig Fußwanderkarten und himmlische Einsamkeit«, schrieb Kurt Tucholsky schon 1925 über seine Wandererfahrungen in den Pyrenäen. Ganz still ist es im Cirque jedoch nicht. Überall gluckern, gurgeln, plätschern Wasserläufe, denen das Schmelzwasser brachiale Kräfte verleiht. Ein leises Tröpfeln und Knistern verrät das Abtauen eines Schneefelds, an dessen sumpfigem Rand Enzian und Wildnarzissen sich nach der Sonne recken.

Eine Kluft auf 2807 Metern gewährt den Hochgebirgserfahrenen während der wenigen schneefreien Sommermonate die Passage nach Spanien. Der Legende nach soll Roland de Ronceveaux, ein Neffe Karls des Großen, die 50 Meter breite Brèche de Roland mit seinem Schwert Durandal in den Gipfelkamm geschlagen haben, um so die Waffe mit einem Hieb zu zerstören, die ansonsten den nachstürmenden Mauren in die Hände gefallen wäre. Etwas weiter östlich stürzen sich die von den Gletscherseen auf spanischer Seite abfließenden Wasser der Grande Cascade 440 Meter in die Tiefe. »Grand Site National« – große nationale Stätte – hatte es auf dem Ortsschild von Gavarnie geheißen. Spätestens beim Blick auf den silberblauen Wasserfall versteht man, dass damit nicht zu viel versprochen wird.

INFO

WANDERN UND WELLNESS

Wanderungen unterschiedlichster Art bietet der Pyrenäen-Outdoor-Spezialist La Balaguère an. Für das Gebiet von La Gavarnie-Néouvielle steht eine geführte »Rando Balnéo Cauterets-Gavarnie« mit sechs Übernachtungen im Katalog: Zwischen Rückkehr von der Tagestour und Abendessen gibt es täglich wechselnde Anwendungen in den Schwefelwasser-Thermen von Cauterets.
labalaguère.com

BARÈGES

Einst berühmt als Frankreichs höchstgelegenes Thermalbad, wo im Mittelalter die Leiden von Venus und Mars, sprich Geschlechtskrankheiten und Kriegsverletzungen, kuriert wurden, hat sich Barèges auch zum Skizentrum gemausert. Die Lage ist typisch für die Zentralpyrenäen. Als das steil aufgezackte Faltengebirge vor 45 Millionen Jahren beim Zusammenprall der europäischen und iberischen Kontinentalblöcke entstand, bildeten sich vor allem Quertäler. Es führt folglich kaum ein Weg über den Pyrenäenkamm. Dazu ein letztes Mal Tucholsky: »Die Täler … Eins ist ihnen allen gemeinsam, und ganz besonders denen um Barèges und um Luz herum, also ungefähr in der Mitte der Pyrenäen: ihr starker Sinn für Abgeschlossenheit.«
valleesdegavarnie.com/bareges-tourmalet/

Winterzauber in Barèges. Die Lifte laufen, auf den Loipen brummt es. Und der Himmel ist so blau, wie man es sich von den Pyrenäen erhofft.

37

PARC NATIONAL DES PYRÉNÉES

DIE WILDEN BERGE

Eisige Bergspitzen, tosende Wasserfälle, glasklare Bergseen und blumenübersäte Almen: Der Pyrenäen-Nationalpark präsentiert seit 1967 auf 100 Kilometer Länge ein Hochgebirge, das wilder und ursprünglicher ist als die Alpen – und das vor Jahrmillionen ein kontinentaler Crash schuf.

Die Pyrenäen sind ein echter Grenzfall: Hier endet Europa – und beginnt Afrika. Zumindest für die Geologen – denn hier knallte die europäische Kontinentalplatte an das ibero-afrikanische Schild. Das Urgestein wurde hochgeschoben, geknickt, gefaltet – schroff und steil zum Felsriegel der Pyrenäen. In ihrem Herzen ragt die Eisspitze des Vignemale 3298 Meter hoch in den Himmel – Rekord im Nationalpark. Von Osten weht sanft das Mittelmeer hinüber, von Westen kommt kühle Atlantikluft: Auch das Klima ist ein Grenzfall. Es ändert sich von Tal zu Tal und sorgt für eine einzigartige Vielfalt. Die Pyrenäen besitzen die ursprünglichste Flora Europas. Mehr als 3000 Arten wachsen hier, darunter zahlreiche endemische wie Pyrenäen-Lilie, Pyrenäen-Baldrian und Pyrenäen-Steinbrech.

Rückkehr unter Schutz

Steinadler, Lämmer- und Gänsegeier kreisen am hohen Himmel – an den Klippen von Asté-Beon im Ossau-Tal lebt die größte Geierkolonie außerhalb Spaniens. Auf den Bergwiesen oberhalb der Baumgrenze klettern die Pyrenäen-Gämsen über zerklüftete Felsen. In den 1950er-Jahren nahezu ausgerottet, hat sich seit ihrer Unterschutzstellung – anders als beim Steinbock – ihr Bestand wieder fast verzehnfacht, während jener heute als ausgerottet gilt.

Zurückgekehrt sind auch die Braunbären. 2004 hatte eine angeblich verirrte Kugel eines Wildschweinjägers mit Cannelle die letzte Bärin Frankreichs getötet. Nachschub kam aus Slowenien. Die fünf Tiere sind den Pyrenäenbären genetisch sehr ähnlich und haben sich so gut integriert, dass heute rund 79 Bären in den Pyrenäen leben. Eine Rarität in der Tierwelt ist der Pyrenäen-Desman, der zur Familie der Maulwürfe gehört und wegen seiner eigentümlichen Schnauze auch »Trompetenratte« genannt wird. In kühlen Bergseen wie dem Lac de Gaube, dem Lac d'Estaing oder dem Lac d'Oô jagen Fischotter nach Nahrung. Im Sommer machen ihnen die Angler Konkurrenz, und Fliegenfischer mit großem Gepäck durchstreifen die Berge.

Naturschutz, Tourismus und Tradition in Einklang zu bringen, gehört seit 1967 zu den Aufgaben des Pyrenäen-Nationalparks. Um das kulturelle Erbe der Pyrenäen zu bewahren, hält er alte Weideformen am Leben, schützt historische Dörfer und restauriert die traditionelle Architektur.1983 ernannte ihn die UNESCO zum Weltbiosphärenreservat und würdigte so den Park für die Erhaltung der biologischen Vielfalt und seinen nachhaltigen Tourismus.

← In den Pyrenäen ist die Transhumanz noch lebendig – Schaf, Kuh, Rind und Esel ziehen im Sommer frei über die Almen.
↓ Der Rote Fingerhut setzt Farbtupfer in die Almen der Pyrenäen – und ist äußerst giftig!

INFO

KURT TUCHOLSKYS PYRENÄEN
1927 entdeckte Kurt Tucholsky die Gebirgskette zwischen Atlantik und Mittelmeer und hielt seine Reiseerlebnisse unter dem Pseudonym Peter Panther in seinem »Pyrenäenbuch« fest. Mehr noch als die bizarre Schönheit der Pyrenäen faszinierten ihn Bewohner und Kultur. Fast 100 Jahre später lässt die Lektüre schmunzeln und staunen – zeigt die literarische Spurensuche doch, wie sehr die Moderne inzwischen auch hier Einzug gehalten hat. »Du kannst die Pyrenäen nicht sehen, die Pyrenäen sind unsichtbar. Und alle deine Träume sind Staub, erstickter Staub, vor langer Zeit«, schrieb er zwei Jahre später in seinem Gedichtband »Seufzer, Tränen, Gedichte«, in dem er die Pyrenäen als Metapher für die Unerreichbarkeit und Ferne seiner Sehnsüchte benutzte.

GRANDE RANDONNÉE 10
Die große Pyrenäenüberquerung (GR 10) gehört zu den schönsten und anstrengendsten Fernwanderwegen Frankreichs. Sie beginnt an der Atlantikküste in Hendaye nahe der spanischen Grenze und endet nach 866 Kilometern und insgesamt 50.000 Höhenmetern an der Mittelmeerküste in Banyuls-sur-Mer. mongr.fr/trouver-prochaine-randonnee/itineraire/gr-10-la-traversee-des-pyrenees-de-hendaye-a-banyuls

KOSTBARE RESSOURCE

DAS WEISSE GOLD

Salz ist das weiße Gold Frankreichs. Am Atlantik, am Mittelmeer und im Binnenland wird es seit Jahrtausenden gewonnen. Und hat jahrhundertelang die Geschichte geprägt. Mit der Salzsteuer *gabelle* erpresste Sonnenkönig Ludwig XIV. das Volk, bis es sich gegen ihn erhob – und auch dabei spielte Salz eine wichtige Rolle.

Die französische Salzproduktion reicht bis in die Antike zurück, als die Kelten und Römer erstmals rudimentäre Techniken zur Salzgewinnung einführten. Später trieb der Einfluss von Klosterorden und königlicher Politik die Entwicklung fortschrittlicher Salzproduktionsmethoden voran und machte Frankreich zu einem bedeutenden Salzproduzenten in Europa. Bis heute wird am Mittelmeer rund um Aigues-Mortes und Salins-de-Giraud in der Camargue Meersalz im großen Stil gewonnen. Hier ist das Wasser mit 38 Gramm Salz pro Kilogramm Wasser dreimal so salzig wie am Atlantik.

Weniger industriell, sondern handwerklich und familiär oder genossenschaftlich geprägt ist die Salzproduktion am Atlantik. Auf der Île de Ré, aber vor allem auf der Guérande-Halbinsel und der Insel Noirmoutier arbeiten die *saunier* und *paludier* in Salzbecken, lassen das Meerwasser verdunsten und vertrauen der Arbeit der Natur. So entstehen an der Oberfläche dieser *œillets* genannten Becken feinste Kristalle. Sie sind milder und mineralreicher, knuspriger und zugleich feuchter als gewöhnliches Tafelsalz. Sie bilden die *fleur de sel*, die besonders aromatische »Salzblume«. In der Kühle des Morgens erntet sie der Salz-

← Eine Salzbäuerin der Guérande-Halbinsel erntet mit dem Rechen vorsichtig die Salzblume.
↙ Die Salinen von Gruissan unter stürmischem Himmel
↓ Noch voll funktionstüchtig: die unterirdischen Anlagen zur Salzgewinnung von Salin-les-Bains

bauer behutsam mit einer *lousse*, einer Art langem Schaumlöffel, aus dem Becken und legt sie vorsichtig in handgeflochtene Körbe. Dort kann sie auf natürliche Weise an der Luft trocknen, ehe sie zu (mitunter gesalzenen) Preisen direkt am Straßenrand verkauft wird. Nach ihrer Ernte wachsen die Salzkristalle weiter, werden schwerer und sinken zu Boden. Von dort werden sie mit der *ételle*, einer Art Rechen, geerntet.

Während der Reifung am Beckenboden hat das »graue Salz« nicht nur Schwebeteilchen der Alge *Dunaliella salina* aufgenommen, sondern auch Sedimente. Es weist dadurch einen höheren Gehalt an Spurenelementen und Mineralstoffen auf als das Salz der Salinen, die Ludwig XIV. hatte gründen lassen, um die Salzproduktion im Land zu zentralisieren und zu kontrollieren (s. Info-Kasten). Die Französische Revolution beendete jedoch das Staatsmonopol auf Salz, das im 14. Jahrhundert mit der Einführung der Salzsteuer *gabelle* begonnen hatte.

Das Salz des Béarn

Eng mit dem Salz verbunden ist auch die Geschichte von Salies-de-Béarn. Auf der Place du Bayaà füllten einst Salzträger *(tiradours)* die dort sprudelnde Sole in Krüge *(sameaux)*. Mit diesen eilten sie zu den Sälzern und kippten sie dort in Steintröge *(coulèdes)*, in denen die Sole verdunstete und wertvolles Salz hinterließ. Anfangs war dieses Salzsieden das Privileg der *parts prenants*, doch 1840 endeten diese Privilegien. Ein neues Salzgesetz schrieb eine konzentrierte Produktion vor. Mindestens eine halbe Tonne Steinsalz musste jeder Sälzer pro Jahr für den Staat gewinnen. Bis heute wird in Salies das Salzsieden in Pfannen unter freiem Himmel lebendig gehalten – ein Unikum in Frankreich.

INFO

DIE KÖNIGLICHEN SALINEN

Mitte des 17. Jahrhunderts initiierte König Ludwig XIV. den Bau der königlichen Salinen und beauftragte dazu den Architekten Claude-Nicolas Ledoux mit deren Planung. Die beiden berühmtesten *salines royales* wurden in Ostfrankreich erbaut: in Salins-les-Bains im Département Jura und in Arc-et-Senans im Département Doubs. Seit 1982 zählt diese Anlage zum Welterbe. Denn mit ihr revolutionierte Ledoux die Salzgewinnung. Die neue Saline von Les Chaux lag direkt an den Wäldern, die das Feuerholz lieferten. Die Sole wurde über Wasserleitungen von Salins-les-Bains zugeführt. Unter hohen Walmdächern verdampfte sie an den Feuerstellen mit den Salzsiedepfannen zu Salz, wurde getrocknet und verkauft. Ein Salzmuseum lädt heute dort ein, die Geschichte der Saline nachzuerleben (salineroyale.com).

38

COL DU SOULOR

MAJESTÄTEN DER BERGE

Bartgeier, Gänsegeier, Schmutzgeier, Steinadler und Schwarzmilan: Alle Top-5-Greifvögel der Pyrenäen sind auf den grauen Felsvorsprüngen und Geröllhängen am Col du Soulor versammelt. Dutzende Fernrohre, Teleskope und Kameras sind auf sie gerichtet. Der Grenzpass zwischen Okzitanien und Aquitanien gehört weltweit zu den Hotspots für Vogelbeobachtung.

Die beste Zeit fürs *birding* ist der Vogelzug im Oktober. Dann fliegen Tausende Mauersegler und Mehlschwalben sowie Hunderte Buchfinken, Wiesenpieper, Rauchschwalben, Feldlerchen und Heidelerchen über den Pass, der eingebettet ist in ein atemberaubendes Hochgebirgspanorama. Westlich des Col du Soulor erhebt sich die felsige Pyramide des 2565 Meter hohen Pic d'Arlas. Den Blick nach Osten dominiert der markante Pic du Soularac (2368 Meter). Wer etwas am Pass den Hang hinaufsteigt, sieht den Star der südlichen Skyline – den majestätischen Pic du Midi d'Ossau (2884 Meter), einen der bekanntesten Gipfel der Pyrenäen und Wahrzeichen der historischen Provinz Béarn.

Birding in der Höhe

Die Vogelbeobachter führen genau Buch darüber, wann und wo sie was sehen. Während der Urlaubssaison im Sommer sind Freiwillige des örtlichen Vogelschutzvereins auf dem Pass und helfen beim Bestimmen. Mornellregenpfeifer, Spanische Kaiseradler, Eleonorenfalken, Raubmöwen und sogar Basstölpel haben sie bereits hier gesehen. Der Col du Soulor ist auch ein ausgezeichneter Ort, um einheimische Brutvögel wie das Pyrenäenrebhuhn *(Perdix p. hispaniensis)*, die Rotschwanzdrossel, die Rotschnabelkrähe, die Alpendohle und den Fichtenkreuzschnabel zu beobachten. Die zahlreichen Steinschmätzer, die hier brüten, sind im steinigen Gelände nur schwer auszumachen. Zwei Stunden Fußmarsch entfernt brüten am kleinen Bergsee Lac de Soum auf 1500 Meter Höhe Bergpieper, Blässhühner und Zwergtaucher. Still und einsam ist es hier, weit weg vom Trubel der Passhöhe.

Und täglich pfeift das Murmeltier

Auf den weiten Almen ringsum grasen Pferde und Esel halbwild. Am Horizont zieht eine Schafherde mit mehr als 400 Tieren frei über ein Plateau. Erst im Herbst, wenn die ersten Flocken fallen, kehren sie ins Tal zurück. Die Transhumanz ist eine lebendige Tradition – und will von der UNESCO als immaterielles Weltkulturerbe anerkannt werden. Zwischen ihnen recken *marmottes*, Murmeltiere, ihre Köpfe aus ihrem Bau, springen über die Alm und verschwinden im nächsten Erdloch, gerade noch rechtzeitig vor dem Steinadler, der sie längst entdeckt hat – und in einer Brutsaison bis zu 70 ausgewachsene Tiere erbeuten kann. Mit lauten Pfiffen schlagen die Murmeltiere bei Gefahr Alarm.

INFO

ROUTE DES COLS

Aspin, Aubisque, Peyresourde, Tourmalet ... als dunkles Band aus Asphalt schwingt sich die »Route des Cols 34« über mythische Bergpässe und verbindet den Atlantik mit dem Mittelmeer. Von Hendaye bis Cerbère beschert die Panoramastrecke durch die Pyrenäen, die Napoleon III. um 1860 als Bäderstraße durch die Berge anlegen ließ, mit schwindelerregenden Panoramen, kleinen wie großen Tierbegegnungen, sprudelnden Thermalbädern und köstlicher lokaler Küche unvergessliche Erlebnisse. Jeder durchquerte Ort ist etwas Besonderes und lohnt einen Stopp. Es wäre ein Fehler, die 942 Kilometer lange Strecke im Eiltempo abzuspulen oder als Motorradfahrer nur das Kurvenschwingen zu genießen. Die »Route des Cols 34« ist trotz aller Adrenalinkicks ein Bergabenteuer ganz Zen. Und, wie die Franzosen sagen würden: *cent pour cent insolite* – einfach einzigartig!
lespyrenees.net/route_des_cols

← Am Col du Soulor, der Grenze zwischen den Regionen Okzitanien und Nouvelle-Aquitaine
↑ Unverkennbar: Der Soulor-Pass ist ein Hotspot fürs *birding*, die Vogelbeobachtung.

39

DONEZAN

KLEIN-KANADA IN ARIÈGE

Hinter hohen Bergen versteckt es sich in den Pyrenäen: das Hochtal von Donezan. Gerade mal 40 Quadratkilometer ist es groß – und für die rund 500 Einwohner ein kleines Stück Kanada. Sie wählten daher ein rotes Ahornblatt auf weißem Grund zum Wappen.

Der Donezan im äußersten Südosten des Département Ariège ist eine grüne Insel inmitten des Granits – mit reicher Flora und Fauna, klarer Luft und einem atemberaubend farbigen Indian Summer. Dann ist der *Donasan*, wie er auf Okzitanisch heißt, fest in der Hand der Wanderer. Im Winter lässt sich das Tal nur vom Département Aude aus erreichen – der Col de Pailhères im Département Ariège wird nicht vom Schnee befreit. Im Frühjahr recken sich gelb die Schlüsselblumen durch den Schnee, der die Massive des Pic du Tarbésou, des Roc Blanc und des Pic de la Camisette bedeckt. Dann tummeln sich auch die Wintersportler auf den 15 Pisten von Mijanes, das Jean-Pierre Bel, Bürgermeister von Lavelanet und später Präsident des französischen Senats, im Jahr 1961 als einziges Skigebiet des Donezan anlegen ließ. Wildbäche wie die Bruyante, die Artigue und der Quérigut gurgeln und rauschen im Donezan. Sie hüpfen über Felsen, bilden kleine Wasserfälle und füttern die hoch gelegenen Bergseen von Quérigut, Laurenti und Rabassoles.

Authentisch und ursprünglich

Der Étang de Laurenti gehört zu den schönsten Bergseen des Départements. Latschenkiefern, eine der ältesten erhaltenen Kiefernarten aus der Eiszeit, krallen sich hier mit ihren Wurzeln waagerecht an Blöcken und Felsen fest, gewinnen etwas Abstand und recken sich dann senkrecht auf. Im Mai leuchtet gelb der Ginster, im Juni der Rhododendron in leuchtendem Rosa. Zwischen dem Pic de la Camisette im Osten und dem Pic de Balbonne (2305 Meter) im Westen versteckt sich der Étang de Balbonne, zu dem eine 5,4 Kilometer lange, mittelschwere Wanderung führt. Nur wenig kürzer ist mit 5,2 Kilometern die Tour, die von Mijanes aus zu den Bergseen von Rabassoles auf rund 2300 Meter Höhe führt. Von dort könnte man weiterwandern und den Gipfel des Pic de Tarbésou bezwingen – er gehört zu den schönsten Aussichtspunkten der Pyrenäenkette!

Besonders schön ist ein Morgengrauen auf dem Gipfel, wenn die Berge ihre Farben je nach Sonnenstand verändern: von Blauschwarz über Grau hin zu einem rosa-orangefarbenen Himmel, ehe die Sonne den Fels berührt und in ihrem Gold badet. In der Mulde eines Felskessels des Roc Blanc leuchtet türkisblau der Étang de la Camisette. Hin führt eine zwölf Kilometer lange Bergtour, die am Parkplatz Plaine d'Artigues beginnt, in drei Stunden 800 Höhenmeter überwindet und auf 2384 Meter hinaufführt. Mit etwas Glück sind unterwegs Pyrenäen-Gämsen zu sehen – Ferngläser einpacken!

← Der Donezan im Herbst. Am Horizont ist das Madres-Massiv zu sehen.
↓ Die Burg von Quérigut, der Hauptstadt des Donezan

INFO

DIE BURG VON QUÉRIGUT
Mitten in der Hauptstadt des Donezan erhebt sich auf einem Felsvorsprung das Château de Quérigut. Vermutlich 1192 wie Puyvalador vom König von Aragon als Bollwerk an der französisch-spanischen Grenze erbaut, war die Burg ursprünglich viel größer. Einfälle, Plünderungen und Brände zerstörten die Mauern jedoch so sehr, dass sie 1710 für irreparabel erklärt und ihr Abriss angeordnet wurde. Ein Gitterweg führt hinauf zu den Resten und um das Bauwerk herum und eröffnet immer wieder neue Ausblicke auf das Dorf und die Landschaften des Donezan.
querigut-levillage.fr

ECHTER KLOSTERGENUSS
2007 verließen 16 Benediktinermönche die 1994 gegründete Abtei Gaussan bei Narbonne und zogen in das Hochtal des Donezan, um dort in größter Abgeschiedenheit nach der Regel des heiligen Benedikt zu leben. Umgeben von Feldern und Bergen bauen sie seitdem dort ihre Abtei. Die Arbeiten finanzieren sie über ihre Landwirtschaft. Deren köstliche Produkte – Bergkäse, Konfitüre oder das Gewürzbrot *pain d'épices* – gibt es im Klosterladen – oder in Online-Shops wie Divine Box oder L'Artisanat Monastique.
abbaye-donezan.fr

40

LAGUNENSEEN DES LANGUEDOC

BEDROHTE PARADIESE

Im Languedoc bedecken glitzernde Lagunen rund 50 Prozent der Küste. Die *étang* genannten Küstenseen sind Zeugnisse eines Klimawandels der Urzeit – und bergen eine einzigartige Flora und Fauna in ihren Schilfgürteln, Salzmarschen und Fluten. Urbanisierung, Industrie und Tourismus bedrohen diese amphibische Landschaft.

Die Geschichte der Lagunenseen des Languedoc beginnt vor Millionen von Jahren, als die Pyrenäen viel höher und stolzer als heute aufragten und Regenwasser und schmelzenden Schnee ins Tiefland leiteten. Die stetige Erosion der Berge füllte die Flüsse mit Sedimenten, die sie an den Küsten ablagerten. So entstanden die großen Alluvial-Ebenen des Languedoc. Vor 20.000 Jahren ließ ein Klimawandel den Meeresspiegel steigen. Das Mittelmeer drängte die Sedimente zurück. Sandbarrieren entstanden. Sie trennten das Meer vom Brackwasser, das in die untersten Teile der Küstenebene eingedrungen war. Nur die *graus*, befestigte Kanäle, verbinden seitdem das Mittelmeer mit den Lagunen an der langen Ausgleichsküste des Languedoc.

45 Prozent aller französischen Lagunen sind dort zu Hause. Weitere Küstenseen, die – geologisch gesehen – etwas anders entstanden sind, säumen in den Départements Landes und Gironde die Atlantikküste. Der größte Lagunensee des Languedoc ist der 18 Kilometer lange Étang de Thau zwischen Sète und Marseillan. Mit durchschnittlich 4,5 Metern ist er tiefer als die anderen, und seine Süßwasserquelle Gouffre de la Bise sprudelt sogar in fast 30 Meter Tiefe im See!

Goldene Zeiten

Fischzucht und Salz prägten einst die Wirtschaft, ehe Tourismus und Austernzucht Mitte des 20. Jahrhunderts die Regie übernahmen. Den Étang de l'Or, den »Goldteich« des Départements Hérault, trennt ein 600 Meter langer Dünenstreifen vom Mittelmeer. Wo im Mittelalter die Bischöfe von Maguelonne und Uzès durch das Fangen von Aalen und anderen Fischen ihr gutes Auskommen fanden, wurde seit der Antike Salz abgebaut. Erst im 20. Jahrhundert stellte die Salinen von Pérols ihren Betrieb ein. Heute gehört die Lagune mit ihrer Flora und Fauna der umgebenden Sümpfe zum europäischen Natura-2000-Netz.

Fisch- und Planktonreichtum

Auch im 5500 Hektar großen Étang de Bages südöstlich von Narbonne wurde jahrhundertelang Aal gefangen. Der See, der zur Römerzeit noch zum Mittelmeer geöffnet war, ist heute ein Besuchermagnet im Regionalen Naturpark Narbonnaise en Méditerranée. Trotz der Unterschutzstellung bemerken die örtlichen Fischer, dass Industriebetriebe Schadstoffe einleiten. Allein Comurhex (Conversion Métal URanium HEXafluorure) sorgte von 1990 bis 1998 durch regelmäßige oder zufällige Stickstoffeinträge für die Eutrophierung der Lagune. 239.371 Euro Schadenersatz musste das Unternehmen zahlen. Im Dezember 2011 wurde Co-

→ Der Fischreichtum der Lagunenseen zieht zahlreiche Vögel an – auch Flamingos.

← Die *étangs* (Küstenseen) im Parc naturel régional de la Narbonnaise en Méditerranée sind extrem salzig – das Salz lagert sich an den Ufern ab.
↙ An den Lagunenseen sind sie immer zu sehen: die Pyrenäen.
↘ Blick über den Salzsee auf das Aalfischerdorf Bages

murhex erneut mit einer Geldstrafe von 60.000 Euro für die Einleitung von Umweltgiften belegt. Am 23. und 24. August 2009 waren Fluor und Uran aus dem Werk in Malvési ausgetreten. Die Folge: ein erhebliches Fischsterben.

Neben dem Aal bergen die Lagunenseen des Languedoc noch eine Vielzahl einheimischer und wandernder Fischarten, die sich dem Wechselspiel von Süß- und Brackwasser angepasst haben. Zu den heimischen Arten gehören die Goldbrasse, der Europäische Wolfsbarsch, mehrere Arten von Meeräschen und Barschen sowie die Sattelbrasse mit ihrem schwarzen Fleck in Schwanznähe. Das Meerneunauge kommt aus dem Atlantischen Ozean zum Laichen in die Lagunenseen. Auch Maifische ziehen ihren Nachwuchs dort auf.

Nicht nur Flamingos

Der Fisch- und Planktonreichtum der Lagunenseen lockt die Vögel. Der Étang de Salses mit seinen Schilfbeeten, Salzwiesen und Dünen liegt mitten im Korridor der Zugvögel. 280 Arten, 89 davon geschützt, rasten und nisten hier. Unter ihnen befindet sich ein hoher Anteil der bedrohten Brutvögelarten – vom Seeregenpfeifer *(Charadrius alexandrinus)* bis zum Austernfischer *(Haematopus ostralegus)*. Zum Wahrzeichen der Lagune wurden jedoch die Flamingos, die dort zu Hunderten nach Krebsen und kleinen Fischen picken. 2017 erhielt die Lagune von Salses-Leucate das RAMSAR-Siegel und wurde damit als 46. französisches Feuchtgebiet von internationaler Bedeutung anerkannt.

Wie Afrika, in die Länge gezogen, sieht der Étang de Canet-Saint-Nazaire aus der Luft aus. Er ist der letzte große Lagunensee an der Mittelmeerküste. Im Mittelalter waren es noch gut drei Dutzend. Der südlichste Lagunensee ist zudem der flachste: Nicht mal einen Meter tief ist er an vielen Stellen und fest im Griff der Pflanzen, die ihn immer weiter erobern. Heute nur mehr 4,8 Quadratkilometer, war er noch im Jahr 1750 doppelt so groß. Kleine Küstenflüsse wie die Llobère spülen zwar Süßwasser in den See, aber viel zu wenig, um die Verlandung zu stoppen. Auch der Austausch mit dem Mittelmeer ist zu gering. Nur ein einziger *grau* spült Salzwasser in die Lagune.

Bedrohtes Idyll

Seit Jahrhunderten leben die Menschen der Languedoc-Küste in einer geradezu symbiotischen Beziehung mit den Seen. Sie warfen von *pointus* genannten Holzbooten Netze und Fallen aus oder gewannen Salz unter freiem Himmel. Doch das amphibische Idyll kämpft ums Überleben. Urbanisierung, landwirtschaftliche Abflüsse industrielle Aktivitäten und der Tourismus bedrohen es, Verschmutzung und Zerstörung von Lebensräumen gefährden seine einzigartige Flora und Fauna. Schließlich lässt der Klimawandel den Meeresspiegel steigen. Die Tage der Lagunenseen im Languedoc sind gezählt.

INFO

FORTRESSE DE SALSES

Mit meterdicken Mauern, Zugbrücke und Wehrtürmen, Bastionen und Wallgraben erhebt sich die Fortresse de Salses als Bollwerk aus Backstein zwischen der Autobahn A 9 und dem Étang de Salses-Leucate. Die Festung gilt als Musterbeispiel militärischer Architektur im Übergang von mittelalterlichen zu modernen Befestigungsanlagen. Im 15. und 16. Jahrhundert erbaut, sicherte sie zunächst die Nordgrenze des Königreichs Aragon und später die Gebiete der spanischen Krone. Heute ist sie eine der wichtigsten Sehenswürdigkeiten des Départements Pyrénées-Orientales. forteresse-salses.fr

VILLAGE DES PÊCHEURS

Am Ostufer des Étang Canet-Saint-Nazaire bilden zehn Schilfhütten das Village des Pêcheurs. Heute nicht mehr bewohnt, trocknen draußen die *trabaques*, traditionelle Fischernetze. Treibholz, vom Meer angeschwemmt, lieferte das Gerüst für die Hütten, das Schilf am Rande der Lagune das Gerüst für Dächer und Wände. Wenn es regnete, lief das Wasser am Schilf entlang, bewässerte den Garten und füllte das Grundwasser auf, aus dem die Fischer ihr Trinkwasser bezogen. Als Musée des Arts et Traditions de la Pêche lädt das Fischerdorf zu einer Zeitreise auf den Spuren der traditionellen Fischerei ein.

Die Fortresse de Salses sicherte einst die Grenze zwischen Frankreich und Spanien. Heute markiert sie die Nordgrenze des Départements Pyrénées-Orientales.

41

PECH DE BUGARACH

LEGENDÄRER GIPFEL

Höher ist keine Spitze der Corbières, und kein Berg ist so mit Legenden verbunden wie der 1230 Meter hohe Pech de Bugarach. Auf seiner Spitze würde man sogar den Weltuntergang überleben, den der Maya-Kalender für 2012 vorausgesagt und den Berg zum Pilgerziel der Esoteriker gemacht hatte. Er fand nicht statt – die tollen Aussichten von dort droben locken hingegen bis heute.

Als markante Kalksteinspitze erhebt sich der Pech de Bugarach in der Nähe des gleichnamigen Dorfes aus einem Meer von Weinbergen, üppigen Wäldern und pittoresken Dörfern im malerischen Departement Aude. Wind und Wasser haben Höhlen und Spalten in den Kalk gegraben und markante Formationen geschaffen. An seinem Fuß entspringt der Agly, der – nur wenige Kilometer weiter – mit den Gorges de Galamus eine der eindrucksvollsten Schluchten Okzitaniens geschaffen hat.

Der Pech de Bugarach ist der Wächter der Corbières. Zusammen mit der benachbarten Schlucht gehört er zu den beliebtesten Naturjuwelen des 1780 Quadratkilometer großen Parc naturel régional Corbières-Fenouillèdes, der im Herbst 2021 gegründet wurde.

Mystische Lichterscheinungen

»Lichterberg« nennen die Einheimischen den imposanten Gipfel, manche Zeitgenossen halten die markante Kalksteinwand sogar für einen Landeplatz von Außerirdischen. Im Jahr 1978 hatten 200 Zeugen leuchtende, scheibenförmige Objekte über dem Berg gesehen. Später wurden auch dreieckige und trapezförmige Flugkörper beobachtet. Die Gendarmerie machte sich auf die Suche nach den ungebetenen »Besuchern« und fand damals tatsächlich vermeintliche »Landungsspuren« in Form von Bodenverfärbungen in geometrischen Mustern und kreisförmig verbrannten Grasflächen. Inzwischen haben Meteorologen aber eine Erklärung für die Lichterscheinungen gefunden. Für sie handelt es sich um elektromagnetische Entladungen natürlichen Ursprungs. Am Pech de Bugarach treffen immer wieder Tiefdruckgebiete vom Atlantik auf Hochdruckgebiete aus dem Süden. In der Atmosphäre kann es dann in den Herbstmonaten zu starken elektrostatischen Entladungen kommen, die sich in eindrucksvollen Lichterscheinungen äußern.

Die abgeschiedene Lage und die unterschiedlichen Höhenlagen des Berges sorgen für eine erstaunliche Artenvielfalt. Duftende Kräuter wie Thymian und Rosmarin klammern sich an den Kalk. Auf den feuchten, schattigen Wiesen blühen Schlüsselblumen und seltene Orchideen wie das Knabenkraut. Geschützte Arten wie der Habichtsadler, der Wanderfalke und der Schlangenadler gleiten durch die Lüfte, und mit etwas Glück lassen sich auch Geier beobachten – mit dem Observatoire des vautours de Bugarach gibt es sogar eine offizielle Beobachtungsstation für Gänsegeier in diesem Natura-2000-Schutzgebiet.

INFO

UND NACH DER GIPFELWANDERUNG?
Bugarach ist ein kleines Dorf. Knapp 140 Einwohner leben in den alten Steinhäusern, die sich um den kleinen Ortskern drängen, den ein wachsamer Kirchturm und der legendäre Pech de Bugarach überragen. Künstler und Lebenskünstler leben und arbeiten in den Natursteinhäusern und treffen sich am Ende der Grande Rue an der Bar von Les Saveurs du Terroirs zum Apéro. Nur wenige Meter vom Dorf entfernt versteckt sich ein kleiner Stausee, der Lac de la Vène, den die Einheimischen am liebsten niemandem verraten würden. Denn hier können sie ungestört fischen, am Ufer grillen und im Sommer baden. Andere wandern weiter zur Cascade de Mathieux, wo der Wildbach Blanque in zwei Stufen über eine Klippe in einen türkisfarbenen, kristallklaren Naturpool stürzt. Nach der Schneeschmelze im Frühjahr ist der Wasserfall, der sich in der Sommerhitze auf ein schmales, kühles Band zurückzieht, aufregend tosend und wild.
bugarach.fr

WEITERE INFORMATIONEN
bugarach.fr, parc.corbieres-fenouilledes.fr

← Den Pech du Bugarach umgibt zu jeder Jahreszeit eine geheimnisvolle Aura.
↑ Der Blick auf den höchsten Gipfel der Corbières vom Dorf Bugarach

42

SALS UND FONTAINE SALÉE

SALZIGER ALS DAS MEER

Im Herzen der Hautes Corbières sprudelt es. Auf 710 Meter Höhe ergießt sich die Sals aus zwei Quellen, die das Herz der Fontaine Salée bilden. Auf ihrem nur rund 20 Kilometer langen Lauf erzählt der Salzfluss der Corbières geradezu abenteuerliche Geschichten rund um das weiße Gold des Mittelalters.

Moose und Flechten haben die Tannen erobert. Große Felsblöcke ragen aus dem Bergwald und verleihen ihm eine fast mythische Aura. Dann öffnet sich der Wald zu einer Lichtung, und keine zwei Kilometer südwestlich des Col de la Fage entspringt die Sals, fließt erst nach Westen, dann nach Nordwesten, vorbei an den Thermen von Rennes-les-Bains und mündet nach genau 19,9 Kilometern bei Couiza, südwestlich des Schlosses der Herzöge von Joyeuse, auf 220 Meter Höhe in die Aude.

Wer gut zu Fuß ist, kann von Rennes-les-Bains und Cubières-sur-Cinoble aus zur Salzquelle wandern. Kürzer und ebenfalls sehr abwechslungsreich ist die Route, die am Col de Linas beginnt und vom Parkplatz auf der Passhöhe beim Pech de Bugarach in rund einer Stunde zur Salzquelle führt – zunächst durch Garrigue, dann durch einen verwunschenen Bergwald mit Moosbäumen, Farnen und Felsen. Direkt an der Quelle der Sals erreicht der Wanderweg die Domaine de l'Eau Salée. Das staatliche Gut kontrollierte einst die Gewinnung und den Handel mit dem Salz der Sals. Heute beginnen am Gutshof Führungen auf den Spuren des Salzes und der Glasherstellung in den Hautes Corbières.

Ganz schön salzig!

Salzig, je nach Jahreszeit und Niederschlag sogar doppelt so salzig wie das Mittelmeer, schmeckt die Sals. Der Salzgehalt kann bis zu 60 Gramm Natriumchlorid pro Liter betragen! Das Salz stammt aus einem 215 Millionen Jahre alten unterirdischen Salzstock. Durch die Zuflüsse von Süßwasser sinkt der Salzgehalt der Sals auf ihrem Weg aber kontinuierlich. Beträgt er im acht Kilometer entfernten Rennes-les-Bains noch ein bis zwei Gramm pro Liter, liegt er an seiner Mündung in die Aude bei Couiza bei fast null.

Salz war das weiße Gold des Mittelalters. Mit ihm wurden Fisch und Fleisch haltbar gemacht, im Winter die Wege gestreut und auch der Lohn gezahlt. 1286 führte Frankreich eine Salzsteuer ein. Diese *gabelle* verpflichtete jeden Franzosen über acht Jahren, wöchentlich eine Mindestmenge Salz zu einem festgelegten Preis zu kaufen. Die Salzsieder hingegen durften ihr Salz nicht direkt verkaufen, sondern mussten es an die *greniers à sel*, staatliche Salzlager, liefern. Jene brachten das Salz zu einem deutlich höheren Preis wieder in den Handel. Dieses System machte die Salzsteuer zum Synonym für das verhasste Ancien Régime – und zu einem der wichtigsten Auslöser für die Französische Revolution. Auch davon erzählen die Infotafeln an der Quelle der Sals.

1/ Der Blick von der Quelle der Sals auf ihr Tal in den Corbières

↑ Das Quellgebiet des Salzflusses kontrollierte einst die Krone.

INFO

DIE GLASBLÄSER DER HAUTES CORBIÈRES

In der Nähe der Salzquelle von Sals wurden bei archäologischen Ausgrabungen die Überreste der Waldglashütte von Salines freigelegt. Sie bestand aus zwei besonders gut erhaltenen Heizanlagen: einem mehr als sechs Meter langen Schmelzofen und einem Glühofen. Diese Öfen waren zwischen 1650 und 1750 in Betrieb. Mehrere Glasmacher stellten hier mit ausgefeilter Blastechnik kleine und große Flaschen, Trinkgläser mit hohlem Stiel und Perlen her. *Faute de bois*, Holzmangel, beendete schließlich die Produktion. Die Glasbläser verließen Sougraigne und arbeiteten in der königlichen Glashütte von Fanges bei Caudiès im Fenouillèdes. Der Lehrpfad »Entre Sel et Verre« (Zwischen Salz und Glas) stellt in einem eineinhalbstündigen Rundgang an acht Stationen die lokale Glasherstellung und Salzgewinnung vor.
espacesnaturelssensibles.aude.fr/sites/default/files/media/downloads/carte_parcours_entre_sel_verre.pdf

WEITERE INFORMATIONEN

eau-salee-sougraigne.fr

43

CÔTE VERMEILLE

WILD UND BUNT

Bis zum Pyrenäenvertrag von 1659 gehörte die Côte Vermeille zu Spanien. Heute wirkt die Felsküste wie eine Costa Brava ohne Sündenfall in Beton. Von den Pyrenäen bläst *La Tramontane.* Der staubtrockene Wind sorgt dafür, dass der Himmel an über 300 Tagen im Jahr blitzblau gleißt.

Blitzblau war der Himmel auch, als Henri Matisse im Sommer 1905 in Collioure aus dem Zug stieg. Rostrot leuchteten die Klippen. Knallgrün standen die Reben in den Schieferterrassen. Matisse, der aus Nordfrankreich stammte, war überwältigt von der südlichen Farbgewalt. In den folgenden Wochen fand der Maler zu einem revolutionär neuen Stil. Auf den Ansichten von Collioure toben die Pinselstriche, schlagen die Farben aneinander. Der Skandal folgte im Herbst auf dem Pariser »Salon d'automne«. Matisse und sein Mitstreiter André Derain, der ebenfalls mit der Staffelei an die Côte Vermeille gereist war, bekamen den Schimpfnamen *Fauvistes* verpasst. Was sich von *fauves*, wilde Bestien, ableitet.

Kopien der Werke von Matisse und Derain säumen in Collioure den »Weg des Fauvismus«. Der Parcours führt von der Plage Nord zur Plage de la Balette. Herrisch wie auf Derains »Trocknen der Segel« schiebt sich das Château Royal, die mittelalterliche Residenz der Könige von Mallorca, vor Bergketten und steile Fassaden. Am Fuß des Mouré-Hügels ragt Notre-Dame des Anges aus dem Wasser. Vom Hafenbecken betrachtet glaubt man, die kuppelgekrönte Pfarrkirche steche gerade in See. Ein Eindruck, den auch Derains »Leuchtturm von Collioure« erweckt.

Eine Küste wie ein Tableau

Von der »Route des Crêtes« – einer handtuchschmalen Höhenstraße von Collioure nach Banyuls auf knapp 600 Meter Höhe – schwappt ein Rebenmeer zum Meer herab. Ein halsbrecherischer Pfad folgt den Steillagen. Schiefermäuerchen halten die Terrassen am Hang. Der Blick fällt über das abstrakte Muster der Terrassenmäuerchen in die Tiefe. Ganz unten in der Bucht, gerahmt vom Grün der Reben und dem Blau des Wassers, leuchtet Collioure. Gelb. Violett. Und Karminrot, wie es der Name der Côte Vermeille verspricht.

Richtung Spanien lockt die Bucht von Paulilles die Surfer. Im nahen Open-Air-Museum Site de Paulilles leben seltene einheimische Vogelarten. In einer Bootswerkstatt werden die knallbunten Fischerboote der Côte Vermeille hergestellt. Weiter westlich verbarrikadiert das schroffe Cap Réderis den Blick aufs Meer. Agaven sind haushoch, Felsen kahl. Im von Klippen eingeklemmten Grenzort Cerbère ist es still, seit der Bahnhof kaum noch eine Rolle als Umschlagplatz zwischen Frankreich und Spanien spielt. Hinter dem Ortsschild folgt bald die Grenze und damit eine andere Welt: die der trubeligen Costa Brava.

INFO

ROUTE DES CRÊTES

Die schmale Höhenstraße durch die Weinberge (D 86) von Collioure nach Banyuls stellt die Fahrkunst auf die Probe. An engen Stellen der 20 Kilometer langen, an Serpentinen reichen Strecke muss bei Gegenverkehr zurückgesetzt werden, und Wohnwagen sind nicht erlaubt. Dafür entschädigen atemberaubende Ausblicke auf die Côte Vermeille. Höhepunkte sind der Jardin méditerranéen du Mas de la Serre, ein Schaugarten, und die Tour Madeloc, ein ehemaliger Signalturm der Könige von Mallorca.
biodiversarium.fr

PORT-BOU

Im ersten spanischen Ort hinter der Grenze erinnert die »Passage« von Dani Kharavan an Walter Benjamin, der hier auf der Flucht vor deutscher Verfolgung am 27. September 1940 Selbstmord beging. Der Fluchtweg ist heute ein Wanderweg auf den Spuren des jüdischen Schriftstellers.
tourisme-pyrenees-mediterranee.com/randonnee-pedestre/sentier-walter-benjamin/

← Côte Vermeilles bei Paulilles, vom Meer aus betrachtet
↑ Ein wehrhaftes Städtchen, in leuchtende Farben getaucht, die schon Henri Matisse begeisterten: Collioure an der Côte Vermeille

44

CANIGOU

LEGENDE DER OSTPYRENÄEN

Rot-gold schweben die Farben Kataloniens auf seiner Spitze und trotzen der Tramontane, die von Nordwesten die Pyrenäen peitscht. 2794 Meter hoch erhebt sich der heilige Berg der Katalanen als letztes großes Massiv der Pyrenäen nur einen Steinwurf vom Mittelmeer. Seine Lage sorgt für ein einzigartiges Klima und eine besonders vielfältige, reiche Flora und Fauna.

Im Norden des Massivs hat die Têt, im Süden der Tech breite Täler geschaffen. Der Cady entspringt auf 2400 Meter Höhe im Canigou und mündet bei Villefranche-de-Conflent in die Têt. Sein starkes Gefälle hat immer wieder zu extremen Überschwemmungen geführt, am schlimmsten 1940. Als nach den extrem starken Regenfällen vom 16. bis 20. Oktober 1940 Vernet-les-Bains bei Laiguat beinahe »unterging« und dabei auch die Thermalbäder zerstörte, wurde der Cady kanalisiert. Seit 1940 forstet das Office national de forêts das Massiv gezielt auf – auch, um künftig Überschwemmungen und Murenabgänge zu verhindern.

Wilde Schluchten

Dramatische Schluchten wie die Gorges de la Carança durchschneiden den Fuß des Massivs. Alle Flüsse und Bäche, die den Canigou in Richtung Mittelmeer verlassen, tragen bis heute Gold – meist kleine Körnchen, manchmal aber auch richtige Nuggets. Das Erbe des Bergbaus im Canigou ist noch heute sichtbar: Aufgelassene Minen und Überreste alter Bergbausiedlungen prägen das Massiv. Zum geschäftigen Zentrum des Goldhandels entwickelte sich Prades. Heute starten von hier Jeep- und Wandertouren im Canigou-Massiv.

Kastanien und Aleppo-Kiefern

Der Canigou ist ein Unikum in der Pyrenäenkette. Er fungiert als natürliche Barriere, die Feuchtigkeit aus dem Mittelmeer einfängt. Das beschert ihm an seiner Südseite ein einzigartiges Mikroklima und eine reiche Vielfalt an Pflanzen und Wildtieren, die sich von den typischen alpinen Lebensräumen der Pyrenäen unterscheidet. Die unteren Hänge des Canigou bedecken dichte Wälder mit Eichen, Buchen und Kastanienbäumen.

Beim Aufstieg weichen die Wälder Almwiesen, auf denen Wildblumen wie Enzian, Edelweiß und seltene Orchideen blühen. Der mediterrane Einfluss wird weiter oben deutlich, wenn Aleppo-Kiefern und Steineichen auftauchen und der alpinen Landschaft eine typisch mediterrane Note verleihen. Wildschweine wühlen den Boden des Bergwalds auf, Murmeltiere sausen über Bergwiesen und verschwinden in ihrem Bau. Bartgeier, Steinadler und der seltene Schwarzspecht lassen sich am Canigou beobachten. Und mit etwas Glück taucht im Fernglas aus ein *isard* auf, die Pyrenäen-Variante einer Gämse.

← Der Canigou bei Terrats, einem alten Weinort mit tiefroter Erde.
↓ Die Benediktinerabtei Saint-Martin-du-Canigou thront spektakulär auf 1090 Metern über dem Abgrund.

INFO

SAINT-MARTIN DU CANIGOU
Wer von Casteil aus steil zum Gipfel des Canigou aufsteigt, erreicht nach etwa einer Stunde auf 1090 Meter Höhe die Abtei Saint-Martin du Canigou: ein einsamer Adlerhorst am Rande des Abgrunds. In dieser wilden Gegend errichteten die Benediktiner um das Jahr 1000 das erste romanische Bauwerk Kataloniens. Der Canigou ist der Mutterberg der Katalanen und Symbol der Fruchtbarkeit. Sein Wasser bewässert die Obstgärten und Weinberge in den Tälern von Têt und Tech. Aus Dankbarkeit für seine lebensspendende Kraft errichteten die Katalanen Kirchen, Kapellen und Klöster. Doch keine Stätte des Glaubens ist noch immer so abgelegen wie Saint-Martin-du-Canigou mit seinem Glockenturm im lombardischen Stil. Heute leben hier nicht mehr Benediktiner streng nach der Ordensregel *»ora et labora«*, sondern ein buntes Völkchen aus Priestern und Schwestern, Ledigen und Ehepaaren: eine »Gemeinschaft der Seligpreisungen«, entstanden nach dem Zweiten Vatikanischen Konzil. Sie hat ihr Kloster für Besucher geöffnet, zeigt bei Führungen den restaurierten Kreuzgang, die Kirche und die Krypta und lädt zu spirituellen Auszeiten in ihrer einsamen Abtei am legendären Berg.
stmartinducanigou.or

Vom Château d’If, das auf einer Insel des Frioul-Archipels thront, schweift der Blick in Richtung Küste auf die ungefähr eine Seemeile entfernten Calanques.

DER SÜDOSTEN

Provence und Côte d’Azur zählen zu den Sehnsuchtszielen der Welt. Trotz des großen Andrangs konnten beide ihre wilde Seite bewahren. *Magnifique!*

45

GORGES DU VERDON

EUROPAS GRAND CANYON

Die Verdon-Schlucht sucht an landschaftlicher Dramatik ihresgleichen. Dörfer kleben wie Adlerhorste am Fels. Die Corniche Sublime, eine Panoramastraße am linken Ufer, verläuft hart der Steilkante. Durch die bis zu 700 Meter tiefe Talsohle führt ein atem(be)raubender Wanderweg, der zum Klassiker wurde.

Wie ein Balkon schwebt das Chalet de la Maline über dem Abgrund. Die Wanderhütte auf 893 Metern liegt an der »Route des Crêtes«, die ihre asphaltierte Schlaufe eng an das Nordufer der Gorges du Verdon legt. Ungefähr eine halbe Stunde lang trudelt der Weg vom Chalet de la Maline immer bergab in die Talsohle. Unten beginnt der »Sentier Martel«. Der legendäre Wanderweg zum 16 Kilometer entfernten Aussichtspunkt Le Point Sublime ist ein Klassiker.

Edouard-Alfred Martel (1859–1938) gelang es 1903 als Erstem, die Gorges du Verdon in einer dreitägigen Expedition zu durchwandern. Ziel des Höhlenforschers war es, den tosenden Fluss zwecks Nutzung der Wasserkraft zu erschließen. In den Dreißigerjahren dann legte der Touring Club de France den Fernwanderweg mit dem Namen von Martel durch die Sohle der Schlucht an.

Lasst Orchideen sprechen

Buchsbäume, Buchen, Linden, Ahornbäume und Eichen spenden auf dem Weg Schatten. Vielleicht bekommt man Gämsen zu Gesicht, die in den unzugänglichen Steilflanken und auf Geröllhalden heimisch sind und dort unbehelligt bleiben. Ständig rauscht der Verdon im Ohr. Kiesel- und Sandstrände laden zur Rast ein. An seiner tiefsten Stelle, dem Pré d'Issane, gleicht die Schlucht plötzlich einem Wiesenidyll. Blumen setzen bunte Tupfer ins Gras: Fast drei Viertel aller in Europa vertretenen Orchideen gedeihen in den Gorges du Verdon.

Bald darauf ändert sich das Bild. Stahltreppen und -seile erleichtern die Bewältigung von Geröllhängen. Die eigentliche Bewährungsprobe folgt ungefähr auf halber Strecke des Wegs: Auf Höhe der Balcons de la Mescla, eines Aussichtspunkts an der Steilkante des rechten Ufers, gilt es, dank eines schwindelerregend steilen, nur mannsbreiten Stahlgerüsts die Felskluft La Brèche d'Imbert zu bewältigen.

Kurz vor Ende der Wanderung wird es dunkel. Die Schlucht verengt sich zum Couloir Samson, an den die Felswände nah heranrücken. Ein erster, kurzer Tunnel lässt sich kurz vor Ende der Wanderung noch ohne Taschenlampe bewältigen. Bald darauf folgt ein zweiter, mit 700 Metern wesentlich längerer Tunnel. Dann ist es stockfinster. Nun hilft nur noch die Taschenlampe. Endlich leuchtet das Licht am Ende des Tunnels, und bald darauf steht man auf dem Parkplatz am Point Sublime. Ein letztes Mal torkelt der Blick ins Bodenlose. Es ist schlicht grandios. Dann kommt

← Vom Balcon de la Mescla stürzt der Blick in die Schlucht, wo der Artuby in den Verdon mündet.

der Busshuttle, der die Wanderer zurück zum Ausgangspunkt nach La Palud-sur-Verdon bringt.

Auf der Fahrt beschert jede Wegkehre eine neue Duftwolke. Lavendel, natürlich, aber auch Minze, Salbei, Rosmarin, Ginster, Thymian. Knorrige Mandelbäume stemmen sich gegen den Wind. Aus einem Seitental blöken Esel. Rings um La Palud-sur-Verdon breiten sich Wiesen aus. Im Frühjahr und Herbst werden hier Tausende Schafe zum Auf- und Abtrieb zusammengetrieben. Im schmucken Schloss hat die Maison des Gorges du Verdon ihren Sitz. Das Informationsbüro zeigt eine Ausstellung zum Ökosystem in der Verdon-Schlucht und informiert über alle Aktivitäten.

Ankunft im Dorf, wo am späten Nachmittag bereits alles beim Apértif auf den Terrassen sitzt. Wander- und Restauranttipps werden von Tisch zu Tisch ausgetauscht. Wer Glück hatte, bekam auf seiner Tour einen Bonelli-Adler zu Gesicht. Und morgen? Geht es zum Verschnaufen und Baden an den Lac de Sainte-Croix, über dessen türkisblauem Wasser und goldgelben Sandstränden das Schloss von Aiguines thront.

Flucht in die Stille

La Palud-sur-Verdon hat auch Schattenseiten: Im Hochsommer wird das Dorf von Besuchern belagert. Es geht glücklicherweise auch anders, selbst zur Hauptsaison. Kein Reisebus, kein Wohnmobil wuchtet sich bis Trigance hoch. Dafür ist das Dorf zu klein. Bis auf den höchsten Punkt eines nackten Felsriffs stauchen sich die Häuser. Oben thront die Burg. Der Dorfplatz eins tiefer hat keinen Namen, sondern heißt einfach La Place. Na also, geht doch.

Trigance hat noch einen weiteren Standortvorteil. Zu Corniche Sublime, der spektakulären Panoramastraße über dem linken Ufer der Schlucht, ist es nur ein Katzensprung. Von Trigance aus folgt man den Gorges zudem in der »richtigen«, weil aussichtsreicheren Richtung von Ost nach West. Unterwegs folgt Aussichtspunkt auf Aussichtspunkt. Von den Balcons de la Mescla schaut man auf die türkisblauen Wasserschlangen des Verdon und der Artuby. Zwei Kilometer weiter folgt der bei Bungee-Springern beliebte Pont d'Artuby – die Brücke bietet mit 180 Metern genug Fallhöhe für den großen Nervenkitzel.

Auf Höhe der Tunnels du Fayet stürzt der Blick vom zweiten Tunnel in eine enge Schlaufe der Schlucht. Bei den Falaises de Baucher wird es eng auf dem Asphalt, bis mit dem Cirque de Vaumale auf 1200 Metern der höchste Punkt der Corniche Sublime erreicht ist. Ein letzter Blick in die Schlucht vom Illoire-Pass, dann taucht Aiguines auf, und im Hintergrund leuchtet der Lac de Sainte-Croix verführerisch blau.

↖ Stufenloses Wandern geht in den Gorges du Verdon nicht. Die Metalltreppe überwindet die Brèche Imbert. ↗ Im Westen der Verdon-Schlucht überragt das Château von Aiguines den Lac de Sainte-Croix, dessen Badestrände zum Abkühlen verlocken.

INFO

MOUSTIERS-SAINTE-MARIE

Das malerischste Dorf am Verdon punktet mit einer zauberhaften Silhouette inklusive romanischer Dorfkirche, Pilgerkapelle Notre-Dame-de-Beauvoir und eiserner Kette mit Stern, die über einem Felsspalt baumelt. Hinzu kommt der Ruf als Fayence-Hochburg. Ateliers locken mit Führungen und Direktverkauf der handbemalten zerbrechlichen Ware. moustiers.fr

CASTELLANE

Das Städtchen ist wie ein Basislager für Kletterer, Wanderer und Kanuten – mit über einem Dutzend Campingplätzen, Anbietern von Wildwasser- und Klettertouren und Mountainbike-Verleihern. Hoch auf einem Steilfels überwacht die Kapelle Notre-Dame-du-Roc das Treiben. verdontourisme.com

MUSÉE DE PRÉHISTOIRE

Stararchitekt Sir Norman Foster hat das Museum zur Vorgeschichte des Verdon in Quinson entworfen. Abgesehen vom Ausstellungsparcours zeigt ein vorzeitliches Dorf Wohnbauten aus der Menschheitsgeschichte. Zum Empfang stellen sich Mammut & Co in originaler Größe auf. Höhepunkt ist ein animierter Nachbau der vor 400.000 Jahren besiedelten Grotte de Bonne Baume. museeprehistoire.com

Zählt zu den »schönsten Dörfern Frankreichs«: Moustiers-Sainte-Marie

FRANKREICHS ERSTES BIODORF

ALLES ÖKO IN CORRENS

Auf den ersten Blick ist es ein Dorf wie viele andere in der Provence. Mit Platanen am Hauptplatz und einem charmant verbummelten Dorfcafé. Ringsherum stehen Weinreben. Die aber werden hier biologisch bewirtschaftet. Ausnahmslos.

Auf der Rathausfassade steht in dicken Lettern getüncht: *Liberté, Egalité, Fraternité.* An der Ecke lächelt eine Madonnenstatue über die Place du Général de Gaulle. Morgens schwebt der Duft von ofenfrischen Baguettes aus der Boulangerie ein paar Schritt weiter. Die ersten Schüler trudeln zur Dorfschule und grüßen mit einem artigen *Bonjour, Monsieur.* Bei Marie-Ange sind die Rolläden gerade hochgezogen. Erste Kunden füllen den Lebensmittelladen, um mit der fidelen *patronne* zu schwatzen.

Mittags ist gegenüber im Petit Corrensois, dem Dorfcafé mit Terrasse unter Platanen, die Hölle los. Zum High Noon *à la française* rollt eine Blecharmada aus klapprigen R4-Kastenwagen und japanischen Pick-ups fast bis an die Theke und verrammelt den Platz. Am späten Nachmittag – das gleiche Spiel. Mittwochabends baut Jo seinen Pizzawagen vor dem Café auf. Freitags ist Markt für Hühner aus der Wiese und Obst, das ohne Pestizide gereift ist. Zwischendurch verirren sich vielleicht ein paar Touristen nach Correns … und staunen: Correns ist Frankreichs erstes Biodorf. So steht es auf dem Ortsschild.

»Die intakte Natur ist unser Kapital«, bekräftigt der ehemalige Bürgermeister Michael Latz abends in der Auberge du Parc. Monsieur Latz ist im wirklichen Leben Winzer und verzichtet für die Weine konsequent auf chemische

← Olivenöl und Oliven, ebenfalls bio, gibt es auf dem Markt von Correns.
↙ Alles Öko-Reben … Woher man das weiß? Ganz einfach: Weil alle Winzer des Dorfs Biobauern sind.
↓ Lasst Hühner artgerecht gackern! Bei Biobäuerin Léa Brunet dürfen sie es.

Dünger. Vor gut 20 Jahren sprach er bei den Mitgliedern der Winzergenossenschaft vor. Sein Antrag: In ganz Correns solle nur noch Bioanbau betrieben werden. Das Wunder: Der Öko-Coup gelang. Fast einstimmig wurde dem Antrag stattgegeben. »In Correns gibt es keine Großwinzer. Einen massiven Einsatz von Chemie hat es schon vorher nicht gegeben, und für die Umstellung auf Bio bedurfte es nicht viel«, erklärt Michael Latz den Überraschungserfolg.

INFO

VALLON SOURN

K-NOE bietet von Ostern bis Oktober Touren durch das verwunschene »dunkle Tal«, einen schluchtartigen Abschnitt des Argens bei Correns, an. Für Climber bietet die Schlucht auf dem linken Ufer knapp 200 ausgewiesene Aufstiegsmöglichkeiten in den Schwierigkeitsgraden 3 bis 8.
k-noe.com

BIOWEINE

Die Domaine des Aspras von Ex-Bürgermeister Michael Latz steht für fruchtige Weißweine mit Aromen von Zitrusfrüchten, eine rote Cuvée Réserve mit Noten von Nelke, Harz und Eukalyptus, beide AOC Côtes-de-Provence. Das Château Miraval, auf dem Angelina Jolie und Brad Pitt geheiratet haben und um das nun ein Rosenkrieg tobt, kann nicht besichtigt werden. Die feinen Rosés in der eigens für das Gut kreierten Flasche sind jedoch überall erhältlich.
aspras.com, miraval.com

Ein ganzes Dorf sieht seither grün. Beim Coiffeur wird nur mit Bioprodukten frisiert. Die Toilettenhäuschen im Vallon Sourn, einer vier Kilometer langen Felsschlucht des Argens im Westen, tragen Solarzellen auf dem Holzdach. Das linke Ufer des bei Climbern und Kanuten beliebten Tals ließ die Kommune für Besucher sperren – den Reihern, Enten und Auwäldern zuliebe.

Auch an die Dorfverschönerung wird gedacht. Jahrelang bekam Correns jeweils im Mai einen neuen Brunnen. Einer davon steht im Garten der Auberge du Parc. Unter dem Glyziniendach der Tonnelle des Amoureux hört man das Wasser plätschern. Wenn dann noch der Mond über der Laube aufgeht, ist das Glück kaum auszuhalten.

46

PROVENCE VERTE

WASSER, WÄLDER UND BIOWEIN

Zwischen den Gorges du Verdon im Norden, dem Massif des Maures im Südosten und dem Walfischbuckel der Sainte-Baume im Südwesten breitet sich auf der Landkarte ein riesiger grüner Fleck aus: die Provence Verte. Deren größter Reichtum ist das Wasser. Denn es sorgt für das üppige Grün.

Dichte, undurchdringliche Eichen- und Kiefernwälder bedecken die »grüne Provence«. Die Dörfer tragen Namen mit dem obligatorischem R drin, an dem sich der rumpelnde Akzent des Midi üben lässt. Flüsse wie der Argens führen auch im Hochsommer reichlich Wasser. Überhaupt, Wasser sprudelt in der Provence Verte im Überfluss. Ein grüner Teich, in den ein Wassertropfen pitscht, ziert daher das Logo der Region.

Zu jedem Dorfplatz gehört ein Brunnen. Dafür sind Souvenirboutiquen, Busparkplatz und Immobilienmakler rar. Im Windschatten der großen Reiserouten bleibt die Kirche im Dorf, doch unter den Kleinwinzern wird seit dem 19. Jahrhundert rot gewählt, *par tradition*. Aus Tradition wird zudem die Inschrift an den Kirchenfassaden gepflegt, mit der die Werte der Französischen Revolution gegen den Einfluss der Kirche verteidigt werden: Nicht nur in Aups, dem etwas schroffen Trüffeldorf im Norden der Provence Verte, steht *Liberté, Égalité, Fraternité* über dem Portal der Dorfkirche.

Große Klappe, großes Spektakel

Apropos Trüffeldorf. Aus den tiefen Wäldern, weltabgewandten Tälern, verschwiegenen Dörfern der Provence Verte ragt ein Monument auf: Clément Bruno, der Freund aller großen Tiere, vom Filmstars bis zum Staatspräsidenten. Der Chef de Cuisine ist nicht allein wegen seiner 110 Kilo und knapp zwei Meter Größe ein kulinarisches Schwergewicht, genannt »Bruno de Lorgues«. Vom Fassadenfresko seines Restaurants am Ortsrand von Lorgues segnet er die Provence Verte. Die Geste ist ihm in Fleisch und Blut übergegangen. Unzählige Fotos zeigen das provenzalische Urgestein mit denselben weit ausgestreckten Armen. Der Koch, der dank Omas Rezepten zum Star avancierte, ist bekannt für Temperamentsausbrüche. Prominente, die wegen launigen Benehmens auffallen, komplementiert Bruno hinaus in ihren Rolls-Royce. Dafür, und weil er in Talkshows »denen aus Paris« die Meinung geigt, liebt man die bekennende *grande gueule* hier.

Lauter als Bruno ist hier nur noch die Cascade de Sillans, ein Wasserfall der Bresque. Am Ortsrand von Sillans geht es bergab. Staketenzäune schützen den Urwald links und rechts. Das Krachen des Wassers wird lauter. Eine Holzplattform kragt aus, schon steht man vor dem Wasserfall, der über 40 Meter vom Fels herunterdonnert. Am Fuß des ohrenbetäubenden Spektakels lockt eine blaue Lagune im Tropenwald. Exotischer ist die Provence Verte nirgends.

← Im Spätherbst geht es rund auf dem Markt in Aups, der Trüffelhauptstadt der Provence Verte.
↓ Das Leben auf dem Cours Gambetta von Cotignac spielt auf einer Terrasse unter Platanen. Herrlich!

INFO

TRÜFFELMARKT IN AUPS

Stadtmauern und Tore bewachen die dörfliche Hauptstadt der Trüffel im Var. Von der Platanenesplanade bis in das Dunkel enger Gassen wird von November bis Februar jeden Donnerstagmorgen ein Trüffelmarkt gehalten. Auf der Trüffelmesse am vierten Sonntag im Januar kann man zuschauen, wie Schweine nach Trüffeln suchen.
lacs-gorges-verdon.fr

MARKT DER EITELKEITEN IN COTIGNAC

Robbie was here – Freunde des britischen Pop-Lümmels Robbie Williams besitzen etwas außerhalb von Cotignac ein Landhaus. Der Sänger hat daher einige Sommer die Ferien in der Provence Verte verbracht. Auch Shirley Bassey, Wham!, The Cure, Pink Floyd, sogar die Stones wurden auf dem Cours Gambetta bereits gesichtet. Sie alle haben im Tonstudio des Château de Miraval Alben aufgenommen – und auf dem Cours Gambetta gechillt. Unter den Platanen des Flanierboulevards wird das Leben zur Bühne für (Selbst-)Darsteller jeder Art. Nicht nur Popstars lieben Cotignac daher.
la-provence-verte.net

47

CALANQUES

PACK DIE BADEHOSE EIN!

Seit 2011 schützt ein Nationalpark die tief in die kalkbleichen Felsen des Marseilleveyre-Massivs eingeschnittenen Buchten. Die meisten Calanques sind nur zu Fuß zu erreichen. Ein abenteuerlicher Küstenwanderweg macht es möglich. Unterwegs wird gebadet.

In Callelongue, wo die Buslinie 20 aus Marseille ankommt und der Küstenwanderweg beginnt, stauchen sich zwei Dutzend Häuschen zwischen den Felsklüften. Nachtblau schwappt das Mittelmeer in die Calanque. Von der Île Maire, einem kargen Eiland vor der Küste, krächzen leise Möwen, Felsschwalben und Blauamseln herüber.

18 weitere Buchten folgen in Marseilles 8. Arrondissement, auf das fast alle Calanques zwischen der Hafenmetropole und dem Côte-d'Azur-Städtchen Cassis entfallen. Bis zu zwei Kilometer tief fressen sich die am Ende der letzten Eiszeit entstandenen Buchten in den weichen Kalkfels. Nur wenige Calanques sind besiedelt. Die Buchten stehen seit Langem unter Naturschutz, wurden 2011 sogar zum Nationalpark erklärt und damit unter noch rigoroseren Schutz gestellt.

Laut klackert das Felsgeröll beim Aufstieg den Hang herunter. Wind und Wetter haben die Flanken des Massif de Marseilleveyre zu Dinosaurierskeletten abgenagt. Gut 400 Meter hoch zacken die bleichen Knochenkämme über den königsblauen Fluten empor. Bis zur Calanque de Marseilleveyre bleibt der Wanderweg ein kommoder Parcours. Erst dann wird der Weg zur schwindelerregenden Aussichtsterrasse mit Fernblick zu den Frioul-Inseln.

Nächste Calanque: das Paradies

Eine Reihe lachsroter Ziegeldächer flankiert die dramatisch aufgeworfenen Felswände der Calanque Sormiou. Zu ihren Füßen schimmert das Paradies: Ein Strand, an dem das Wasser von Türkis zu Smaragdgrün changiert, ein schattiges Wäldchen, zwei kahle Kaps, die die Calanque theatralisch zum Meer begrenzen. Und ein Restaurant, das Le Château, auf dessen Terrasse eine schmackhafte Mittelmeerküche serviert wird (unbedingt reservieren!).

Vom Felsbelvédère am Cap Sugiton stürzt der Blick im Steilflug 246 Meter tief in die Calanque de Morgiou. Aus der Legoland-Perspektive wirken die Boote im Fischerhafen wie ordentlich in die Schublade sortiertes Besteck. Eine Bar gibt es auch, angesichts der über dem Weg flirrenden Hitze ein Segen. Wieder wird der Weg zur halsbrecherischen Kletterpartie, doch der Blick runter zum goldgelben Sandstrand der Calanque d'En-Vau treibt voran. Die Bucht, ein unberührtes Idyll, gilt als die schönste unter den Calanques. Hände krallen sich an den Fels, Füße suchen Halt. Stunden später ist Cassis und damit das Ziel erreicht. Zeit für einen Rosé am Hafenkai.

INFO

KÜSTENWANDERWEG GR 98

Für die 23 Kilometer lange Strecke von Callelongue bis Cassis (Markierung rot-weißer Doppelbalken) benötigt man Kondition und sollte schwindelfrei sein. Es geht über die höchsten Klippen der Côte d'Azur und dann wieder steil runter in fast alle Calanques. Von Juni bis September, wenn in den zundertrockenen Pinienwäldern allerhöchste Brandgefahr herrscht, ist der Wanderweg gesperrt, bei Mistral und Feuergefahr sowieso.
calanques-parcnational.fr

BOOTSTOUREN

Die Boote der Bateliers Cassidens legen am Hafenkai von Cassis zu Touren in die Calanques ab. Cool: in der Calanque d'En-Vau absetzen lassen, baden und beachen, dann mit dem Boot oder zu Fuß zurück.
calanquesdeassis.com, Bootstouren auch ab Marseille: croisieres-marseille-calanques.com oder icard-maritime.com

WEITERE INFORMATIONEN

lechateausormiuou.fr, marseille-tourisme.co

← Die Calanque d'En Vau ist der schönste Badespot zwischen Marseille und Cassis. Hin geht es über den Küstenwanderweg oder übers Wasser.
↑ Wer in der Calanque de Port Miou den Anker werfen kann, darf sich glücklich schätzen.

Rastplatz mit *vue sur mer* über der Calanque d'En Vau. Kaum zu glauben, aber wir befinden uns im 9. Arrondissement von Marseille.

48

CRAU

IM REICH DER SCHAFE

Südlich der Mini-Alpen der Alpilles erstreckt sich zwischen dem Küstensee Étang de Berre und dem Delta der Rhône in der Camargue tischtuchplatt die Ebene der Crau. Das trockene und karge, unwirtliche Land, bedeckt mit Kieselsteinen, ist Lebensraum der besten Wolllieferanten der Welt.

Sie entstand vor rund 12.000 Jahren, als die Durance ihren Lauf änderte und mit ihren Steinen und Sedimenten eine einzigartige Landschaft schuf: la Crau, die letzte Steppe Frankreichs. Am Rande der Crau bildet ein Wald aus Steineichen den Übergang zu den Sümpfen von Vigueirat im Nationalpark der Camargue.

An die auf den ersten Blick unwirtliche Umgebung hat sich die Tier- und Pflanzenwelt perfekt angepasst. Fast ausnahmslos krautig ist die Flora – dominiert von den weißen Blüten des Affodill und dem Lila des Ysops. Mediterrane Kräuter schwängern in der Sommerhitze die Luft mit ihrem Duft. Seit der Antike weiden hier Schafe, wie es die Ruinen römischer Schäfereien bezeugen. Der karge Boden der Crau vierge, des auch *coussoul* genannten Lands ohne Berieselung, zwingt die Herden, ständig die Weiden zu wechseln. Die Crau lebt von der Zucht – und die Zucht vom *coussoul*.

Die Schafe hier gehören zu den besten Wolllieferanten der Welt: Mérinos d'Arles. Die Rasse entstand im 19. Jahrhundert aus der Kreuzung einer einheimischen mit dem spanischen Merinoschaf und wurde von der kaiserlichen Schäferei von Arles weit verbreitet. Die Mérinos d'Arles sind besonders gut an die rauen Bedingungen der Crau angepasst, äußerst robust und vertragen die großen Klimaschwankungen der Crau, Zeiten der Futterknappheit und lange Märsche besser. 300.000 Mutterschafe sind in der Crau heimisch, eher kleine Schafe mit üppigem Fell und spiralförmigen Hörnern bei den Hammeln.

Letzte Brutstation

Das Reich der Schafe ist auch ein wichtiger Lebensraum für zahlreiche Vogelarten, Rastplatz der Zugvögel und letzte Brutstätte des dort Ganga-Kata genannten Spießflughuhns in Frankreich. Dort gräbt der vom Aussterben bedrohte Vogel eine Bodenmulde als Nest, legt zwei bis drei cremefarbene, zur Tarnung dunkel gefleckte Eier hinein und brütet sie – Männchen und Weibchen abwechselnd – etwa drei Wochen lang aus. Sind die Jungen flügge, zieht das Spießflughuhn weiter in den Nahen Osten und nach Nordindien.

500 Schmetterlings-, 300 Käfer-, 40 Heuschrecken- sowie 35 Spinnen- und 14 Ameisenarten spiegeln die Vielfalt der Insekten wider und stillen den Hunger der Reptilien – die Crau ist Heimat einer der größten französischen Populationen von Augenechsen. Das wiederum freut die Wildschweine und Rotfüchse, die hier in der Dämmerung jagen.

INFO

GENÜSSE DER CRAU

Neben Wolle liefern die Schafe der Crau auch köstliches Lammfleisch. Es wird frisch oder als schlanke, kurze Merguez-Wurst, Lamm-Salami und Lammterrine verkauft. Aus der Milch wird sehr schmackhafter Käse hergestellt – allerdings nur während der Milchproduktion im Frühjahr und Sommer. Auch das Pendant zum bayerischen Obazda ist in der Crau zu Hause. Für den *Bosson macéré* werden Reste des Crau-Schafskäses mit einer Mischung aus Öl, Weißwein und Tresterbrand zerkleinert, sodass ein grober Brotaufstrich entsteht.

ÉCOMUSÉE DE LA CRAU

Spannende Einblicke in den sensiblen Lebensraum der Crau, den die Industrien von Fos-sur-Mer und die Urbanisierung der Küsten massiv bedrohen, gewährt ein Museum, welches das Conservatoire d'espaces naturels de Provence-Alpes-Côte d'Azur 1987 als Schaufenster des Naturschutzgebietes Coussouls de Crau eröffnet hat. Seine unterhaltsame wie informative Dauerausstellung präsentiert mit Multimedia, Videos und interaktiven Exponaten die Themen der Crau.
cen-paca.org

← Die Crau – bereits vor 12.000 Jahren entstanden – ist Frankreichs letzte Steppe.
↑ Die Schafrasse Mérinos d'Arles – sie gehört zu den besten Wolllieferanten weltweit – ist perfekt an die Bedingungen der Crau angepasst.

49

ALPILLES

DIE KLEINEN ALPEN DER PROVENCE

Nur 30 Kilometer lang und zehn Kilometer breit sind die »kleinen Alpen« der Provence, die Alpilles. Fast 500 Meter hoch erheben sie sich von Ost nach West aus der Küstenebene – mit schroffen Hügeln, steilen Felswänden und tiefen Tälern. Grün leuchten die Kiefern vor dem Karst, der in seinem Inneren faszinierende Höhlen birgt.

Die Entstehung der Alpilles geht auf das Oligozän und Miozän vor etwa 30 bis 15 Millionen Jahren zurück. Damals bewegten sich die tektonischen Platten. Dadurch wurden die Sedimentgesteine, die im Laufe von Jahrmillionen eine Ansammlung von Meeresfossilien gebildet hatten, angehoben, zerbrachen und bildeten das Gebirge. Bis heute verändern Wind und Wasser sein Gesicht. Der höchste Gipfel der Alpilles erhebt sich im Südosten des Gebirgszuges. Dort ragt Les Opies kahl und zerfurcht 498 Meter in den Himmel.

Drei Wege führen auf den Gipfel. Der erste beginnt im Zentrum von Aureille und trifft auf den zweiten, der an der D25A bei Aureille startet. Der Anfang des östlichen Aufstiegs ist in der Nähe der Burgruine Roquemartine. Herrliche Aussichten bietet auch der Rocher des Deux Trous, der Malerberg von Saint-Rémy – seine Naturfenster eröffnen weite Blicke vom Mittelmeer bis zum Mont Ventoux. Der Weg dorthin führt durch mediterrane Flora und Fauna, die erst bei näherem Hinsehen ihre ganze Vielfalt offenbart.

Zwei Gesichter

Die Sommer hier sind heiß und trocken, die Winter mild, die Nord- und Südhänge sehr unterschiedlich in Klima und Vegetation. Auf der Nordseite, wo es etwas feuchter ist, wachsen Eichen- und Kiefernwälder. Auf der Südseite dominieren Buschland und Strauchheiden. Erdbeerbäume und Zistrosen blühen in der Garrigue, und aromatische Pflanzen wie Lavendel, Thymian und Rosmarin verströmen ihren Duft in der Sommerhitze. Ihre Wurzeln krallen sich in einen Kalk, der wie ein Schweizer Käse durchlöchert ist – mit natürlichen Höhlen voller Stalagmiten und Stalaktiten. Und den riesigen Löchern, die der Mensch in die Berge geschlagen hat: Steinbrüche zum Kalkabbau und Stollen zur Bauxitgewinnung für die Aluminiumproduktion. Einer der größten Steinbrüche zeigt als Carrières des Lumières heute faszinierende digitale Bilderschauen.

Unten im Tal glitzern die Blätter der Olivenbäume silbrig in der Sonne. Mehr als 90.000 *oliviers* wachsen in der Vallée des Baux zwischen Mouriès, Maussane und Les Baux-de-Provence. Die fruchtigen Aglandau- und die kleinen, bitteren Verdale-Oliven werden für die Herstellung des AOP-Olivenöls verwendet und die großen Sorten Salonenque und Grossane am liebsten als Tafeloliven verzehrt – eingelegt in Knoblauch und Kräutern, die die Aromen der Alpilles auf den Gaumen zaubern. Wer könnte da widerstehen?

← Von der Burg von Les Baux-de-Provence hat man einen wunderbaren Blick auf die Olivenhaine im Tal.
↓ Immer im Sommer lässt die Burg das Mittelalter wieder aufleben.

INFO

LES BAUX-DE-PROVENCE
Die meisten Orte der Alpilles liegen im Tal. Les Baux indes thront wie ein Adlerhorst äußerst malerisch im Gebirge – und trägt die Auszeichnung eines der »schönsten Dörfer Frankreichs«. Das sorgt im Sommer für reichlich Trubel in den alten, engen Gassen und seiner Burgruine, die flächenmäßig zu den größten Festungsanlagen Frankreichs gehört. In 200 Meter Höhe bedeckt sie ein Plateau mit Aussichten von Arles bis zur Camargue. Les Baux war im Hochmittelalter ein Zentrum der Troubadourkunst, und bei den sommerlichen Animationen erklingen ihre Lieder bei Konzerten. Während der Religionskriege versteckten sich hier die französischen Protestanten, woraufhin Kardinal Richelieu die Burg kurzerhand zerstören ließ. Doch wenn die Ritter vor dem Donjon ihre Lanzen kreuzen und große Steine auf die Schleudern gelegt werden, lebt das Mittelalter wieder hautnah auf.
lesbauxdeprovence.com

WEITERE INFORMATIONEN
alpillesenprovence.com

50

PARC NATIONAL DU MERCANTOUR

UNTER GEIERN

Der jüngste Nationalpark der französischen Alpen ist zugleich der einsamste und wildeste. Seltene Orchideen und Geier, die ihre Brust mit roter Erde schminken, leben im 2150 Quadratkilometer großen Schutzgebiet mit seinen eisfunkelnden Dreitausendern, kargen Geröllfeldern, tiefen Tälern und Lärchenwäldern. Wolf und Steinbock sind zurückgekehrt, und auch der seltenste Greifvogel Europas brütet wieder im Mercantour.

Der Nationalpark erstreckt sich vom Ubaye-Tal im Nordwesten bis zum Roya-Tal im Südosten und schließt nahtlos an den Parco Naturale delle Alpi Marittime in Italien an – denn seine Wurzeln gehen auf ein königliches Jagdrevier zurück, das König Vittorio-Emmanuel II. Mitte des 19. Jahrhunderts im Königreich Piemont-Sardinien gründete. 1700 Kilometer lang ist das Netz der Wanderwege zwischen der Cime du Gelas (3143 Meter), dem Mont Ténibre (3031 Meter), dem Mont Pelat (3053 Meter) und dem Mont Clapier (3045 Meter). Mehr als 2000 Pflanzenarten birgt der 1979 gegründete Park, und viele davon sind endemisch, sprich nur hier zu finden. Frühlings-Enziane färben seine Almen tiefblau. In den Bergen muss sich die Flora an die starken Winde anpassen, die die Bestäubung schwächen. Um die Insekten anzulocken, schmücken sie sich deshalb mit intensiven Farben. Die Konzentration der Pigmente schützt sie zudem vor Verbrennungen durch Sonnenstrahlen. Feldlerchen singen im Flug. Wildbäche schlängeln sich gurgelnd durch die Almwiesen. Murmeltiere huschen zwischen Felsen umher. Plötzlich schlägt eines mit einem lauten Schrei Alarm.

Der Knochenbrecher

Ein großer Vogel mit braunem Gefieder, breiten und spitzen Flügeln, keilförmigem Schwanz und weißer Kehle, die er gerne mit roter Erde verdeckt, kreist am Himmel. Es ist ein Bartgeier *(gypaetus barbatus)*. Seinen Namen verdankt er den kleinen Federn, die unter seinem Schnabel wachsen. Er ist einer der seltensten Greifvögel Europas. Seit 1993 unterstützt der Mercantour-Nationalpark Programme für die Wiederansiedlung des Bartgeiers, der zu Beginn des letzten Jahrhunderts aus den Alpen verschwand. Spektakulär ist nicht nur seine Flügelspannweite von 2,7 Metern, sondern auch sein Futter: Er ernährt sich von den Knochen toter Tiere. Bis zu 25 Zentimeter lange Knochen kann er zur Gänze schlucken und verdauen. Bei größeren Objekten bricht er die Gebeine, und zwar im Flug. Hoch über felsigem Geröll öffnet er dazu seine Krallen, lässt die Kadaver fallen – und sammelt dann die so zerkleinerten Teile ein. Das macht er nicht wahllos in seinem Revier, sondern an sogenannten »Knochenschmieden«, festen Plätzen mit Steinplatten, auf denen die Knochen platzen und zersplittern. Der Legende nach soll der »Knochenbrecher« auch Aischylos getötet haben. Um den Panzer einer Schildkröte zu knacken, ließ er sie fallen – und traf dabei im Jahr 456 v. Chr. genau den Kopf des griechischen Tragödiendichters.

INFO

FELSGRAVUREN DES MONT BEGO

Mehr als 5000 Jahre alt sind die etwa 40.000 Felszeichnungen, verteilt auf 4000 Felsen, in der Vallée des Merveilles, dem »Tal der Wunder« bei Tende im Mercantour-Nationalpark. Die in den Granit geritzte Galerie prähistorischer Botschaften an Götter gehört zu den bedeutendsten Fundstätten von Felsbildern in den Alpen und ist Teil des UNESCO-Weltkulturerbes »Alpen des Mittelmeers«.
menton-riviera-merveilles.fr/mercantour-roya-bevera/vallee-de-la-roya/tende/

LAC D'ALLOS

Zu den beliebtesten Wanderzielen im Parc national du Mercantour gehört der höchstgelegene natürliche See Europas, der Lac d'Allos, ein Erbe der letzten Eiszeit. An den Felshängen lassen sich Gämsen und Steinböcke mit etwas Glück beobachten. Zum Bergsee führt eine gut ausgebaute Mautstraße von Allos bis zum Wanderparkplatz in Laus. Von dort sind es etwa 45 Minuten zu Fuß. Die Zufahrt zum Parkplatz Cluite ist gebührenfrei. Wer dort startet, benötigt für die Wanderung zum See etwa zweieinhalb Stunden.

1/ Hinter der Tête de l'Empeloutier geht über dem Vallon de Pelouse die Sonne auf.
0/3 Zeichen der Vorzeit: die Petroglyphen der Vallée des Merveilles

Herbst im Roya-Tal: Bald sind die Felsen wieder ganz kahl, und im Nationalpark Mercantour wird es nochmals stiller. Und das nur eine halbe Stunde von der Côte d'Azur entfernt.

REGISTER

BILDNACHWEIS

Hilke Maunder: 6/7, 8 u., 9 u. ganz rechts, 15 l., 15 r., 22/23, 25, 26, 28, 29, 37 u., 38, 40, 41, 83, 84 o., 84 u., 85 u., 86/87, 103, 116, 130 o., 131 o., 138, 144, 145, 148, 149, 151, 154 o., 154 u., 155 u., 156, 157, 158, 159, 160, 161, 162, 178, 180, 181

Lookphotos: 2 f., 8 u. ganz links, 10 u., 11 u., 11 u. ganz rechts, 12, 14, 24, 27, 36 u., 37 o., 44 o., 48, 49, 61, 70, 71 o., 72 f., 93, 96 f., 100, 101, 105 o., 106, 109 u., 113, 115 u., 121, 122 o., 122 u., 123 o., 123 u., 128, 133, 136 f., 143 u., 146, 147 u., 163, 164 f., 172, 173, 174, 175, 176 f., 182 (Hemis); 8/9 o., 65 (Eiben, Hans Georg); 10/11 o., 153, 155 o. (Merz, Brigitte); 16 f., 52 (robertharding); 18 ganz l., 94, 104 o./u. (age fotostock); 33 (Mueringer, Christian); 34 (Suflbauer, Franz); 36 o. (Schickert, Peter); 43, 45 u. (Schreck, Ben); 44 u. (Fath, Bethel), 46 (Werner, Florian); 53, 91 u., 108 u., 109 o., 110, 147 o. (Saga Photo); 54 f. (Jalag/Kriwy, Natalie); 59 o. (Jalag/Lehmann, Jörg); 62 f., 74, 75, 108 o. (Daniel Schoenen Fotografie); 67 o. (Jalag/Mutter, Anna); 111 u. (Delimont, Danita); 114 o., 114 u., 124 (Photononstop); 115 o. (Wothe, Konrad); 118 u., 169 u., 179, 184 f. (Frei, Franz Marc); 119 o. (Simone Augustin Photography); 132, 166 (ClickAlps); 141, 142 o., 142 u., 126 f. (Strauß, Andreas); 190 f. (Aumiller, Sonia)

Shutterstock: 8 f. u. Mitte (hecke61); 10 f. u. Mitte, 85 o. (photofort 77); 10 u. ganz links, 111 o. (Images01); 18 Mitte (AVIcon); 19 o. (KingQoala); 19 u., 95 (Jef Wodniack); 20 (marako85); 32 (olrat); 39 (ldgfr photos); 45 o. (Arnaud Martinez); 47 (Philippe Hardy); 50 (Stefan Rotter); 56 (bensliman hassan); 58 o. (Timdb); 58 u. (p2n Media); 59 u. (margouillat photo); 60 (Photoprofi30); 66 o., 67 u. (Tanja Midgardson); 66 u. (slowmotiongli); 68 (Jacqueline van Kerkhof); 69 (ranguin remi); 71 u. (17th Studio); 77 (AirelleS); 90 o. (Mike Workman); 90 u. (LianeM); 91 o. (ricochet64); 92 (Michel Peres); 99 (Pack-Shot); 105 u. (Tupungato); 118 o. (Bruno M Photographie); 119 u. (JeanLuclchard); 125 (FredP); 130 u. (Mehdi Jabbari); 131 u. (riet bloemen); 134 (PotatoeHead); 135 (Frank Lambert); 139 (Ander Dylan); 143 o. (FreeProd33); 168 (Wirestock Creators); 169 o. (RudiErnst); 183 (Luca Rei)

Mauritius Images: 30 (Udo Siebig); 31 (Sandra Radl); 76 (Prisma/Sonderegger Christof); 88 (Alamy Stock Photos/Tristan Deschamps); 98 (Alamy Stock Photos/Jerome Aufort); 150 (Alamy Stock Photos/Sergi Boixader); 170 (photononstop/J-Charles Gérard); 171 o. (Alamy Stock Photos/Jonathan Little); 171 u. (Hemis.fr/Bertrant Rieger)

Weitere: 9 u., 79 o., 79 u. (Olivier Pellerin/Parc national de forêts); 51 (Klaus Simon); 78 (Xavier Massotte/Parc national de forêts); 80 o. (Alain Doire/BFC Tourisme), 80 u. (Rozenn Krebel/Parc national de forêts)

IMPRESSUM

Verantwortlich: Maren Langendorff
Lektorat: Helga Peterz
Layout: BUCHFLINK Rüdiger Wagner
Korrektorat: Christiane Gsänger
Repro: LUDWIG:media
Herstellung: Alexander Knoll
Printed in Turkey by Elma Basim

★★★★★

Sind Sie mit diesem Titel zufrieden? Dann würden wir uns über Ihre Weiterempfehlung freuen.
Erzählen Sie es im Freundeskreis, berichten Sie Ihrem Buchhändler, oder bewerten Sie bei Onlinekauf. Und wenn Sie Kritik, Korrekturen, Aktualisierungen haben, freuen wir uns über Ihre Nachricht an Bruckmann Verlag, Postfach 40 02 09, D-80702 München oder per E-Mail an lektorat@verlagshaus.de.

Unser komplettes Programm finden Sie unter

www.bruckmann.de

In diesem Buch wird aus Gründen der besseren Lesbarkeit das generische Maskulinum verwendet. Weibliche und anderweitige Geschlechteridentitäten werden dabei ausdrücklich mitgemeint, soweit es für die Aussage erforderlich ist.

Die Deutsche Nationalbibliothek verzeichnet diese Publikation in der Deutschen Nationalbibliografie; detaillierte bibliografische Daten sind im Internet über http://dnb.d-nb.de abrufbar.

ISBN 978-3-7343-2740-7

DIE AUTOREN

Die Journalistin Hilke Maunder ist als Korrespondentin in Frankreich tätig. Auf ihrem Blog »Mein Frankreich« stellt sie jede Woche Reise- und Gastrotipps, Nettes und Neues aus ihrer zweiten Heimat vor. Aus ihrer Feder stammen die Kapitel 1, 3, 7, 13–14, 16, 20, 22–23, 28–30, 32–33, 35, 37–42, 44, 48–50 und die Specials »Frankreichs wilde Unterwelt« sowie »Das weiße Gold«.

Klaus Simon ist als Autor und Journalist mit dem Schwerpunkt Frankreich tätig. Er verbringt für seine Recherchen mehr als 100 Tage pro Jahr in Frankreich und wurde mehrfach ausgezeichnet. Er zeichnet verantwortlich für die Kapitel 2, 4–6, 8–12, 15, 17–19, 21, 24–27, 31, 34, 36, 43, 45–47 sowie die Specials »Wenn das Meer steigt« und »Die Top Drei der Lozère«.

Empfehlung der Redaktion
Sie sind auf der Suche nach weiterführender Literatur? Dann empfehlen wir Ihnen den Titel »Roadtrips Frankreich« von Hilke Maunder und Klaus Simon.

Umschlagnachweis: Vorderseite: Der Cirque de Gavarnie in den Pyrenäen (shutterstock/Christophe Faugere)
Rückseite, oben (v.l.n.r.): Der Natursteinbogen über der Ardeche bei Vallon-Pont-d'Arc; Wanderer im Forêt de Fontainebleau; ein Bison in der Lozère; unten: Die Bucht von Étretat
Seite 2/3: Nationalpark Mercantour – über dem Allossee baut sich die Montagne du Laus auf und spiegelt sich im Wasser. Auf 2226 Meter Höhe ist der Rest Schweigen.
Seite 6/7: Hier geht es hinein zur Brèche du Diable, der Scharte des Teufels, in der Normannischen Schweiz.
Seite 190/191: Morgenerwachen in zarten Pastelltönen – die Dune de Pilat an der Silberküste Aquitaniens